New window 新視野47

誰說法國只有浪漫

Une autre face de la Fran

楊翠屏◎著

高寶書版集團

NW 新視野 047

誰說法國只有浪漫

作　　者：楊翠屏
主　　編：林秀禎
編　　輯：江麗秋
出 版 者：英屬維京群島商高寶國際有限公司台灣分公司
Global Group Holdings, Ltd.
地　　址：台北市內湖區洲子街88號3樓
網　　址：gobooks.com.tw
E — mail：readers@gobooks.com.tw＜讀者服務部＞
Pr@gobooks.com.tw＜公關諮詢部＞
電　　話：（02）2799-2788
電　　傳：出版部　（02）2799-0909
行銷部　（02）2799-3088
郵政劃撥：19394552
戶　　名：英屬維京群島商高寶國際有限公司台灣分公司
初版日期：2006年12月
發　　行：高寶書版集團發行/Printed in Taiwan

國家圖書館出版品預行編目資料

誰說法國只有浪漫/ 楊翠屏著. -- 初版. --
臺北市 : 高寶國際, 2006[民95]　　市 :
面 ;　公分. -- (新視野 ; 47)

ISBN 978-986-185-017-7(平裝)

1. 民族性 - 法國 2. 法國 - 社會生活與風俗

538.842　　95023132

本書獻給艾迪卡和法明

Contents

序

中國人眼中的法國形象如何？是以香水、葡萄酒、美食、時尚、空中巴士、子彈列車聞名於世，人文藝術發達、風景優美，名勝古蹟散布全國，是世界上觀光客最多的國家，是歐洲文明的代表與核心。法國是高科技、講求人權、追求自由、平等、民主的先進國家。

在這個膚淺的美麗形象下，一個文化資產豐富、文豪輩出的國度，卻有七百萬名文字殘障者，占總人口的一成一。服抗憂藥的人口居歐洲之冠，法國人是「追求幸福藥劑」金牌獎得主。失業率高居不下，已突破十%。雖然是個民主自由的國家，但在經濟、社會政策上採取的是社會民主主義，追求國家團結互助（la Solidarité Nationale），而非像英美的自由資本主義。

美國是世界的警察，面對美語、美國文化在國際舞台的霸權優勢，歐洲文明標榜其差異性。根據一項二〇〇五年以歐盟十國、一萬人為對象，歐洲的價值觀為題的民眾調查：歐洲人形成一個有共同原則的家庭，歐洲諸國享有適度的自由主權，提倡競爭與追求利潤，但同時捍衛調整的職業市場、最低薪及義務的社會保險。就經濟政策而言，法國屬於最左派。就道德觀與文化價值觀，歐洲國家具有「容忍」的原則：廢除死刑、墮胎合法、婦女就業與科學研究皆有進展。

法國的賦稅繁重，有人開玩笑說：「在法國從七月開始才真正為自己工作，因前六個月所賺的錢皆繳稅給國家。」在法國很難致富。法國的葡萄酒、香檳酒享有國際盛譽，但法國的喝酒人數逐年遞減。世界經濟不景氣之際，諸多國家皆延長工時，以促進成長率與消費；法國卻開倒車，左派政府於一九九七年頒布一週三十五小時工時的法令，認為縮短工時可降低失業率，此政策令歐洲鄰國大為不解。

法國的高等學院，是培養菁英的溫床，其聲譽遠超過公立大學。課程緊湊、課業繁重的中學預備班也是法國高等教育的特色，在預備班經過兩年的嚴格訓練後，也較有機會通過高等學院競爭激烈的入學考。

內科醫生的威望與收入不如往昔，社經地位下降。在一片縮短工時的聲浪中，每週工作超過五十小時的內科醫生，越來越難以忍受他們的情況。

法國人極少三代同堂，已婚的年輕夫婦與女方或男方的父母同居是基於經濟考慮的權宜之計，而非親情因素。在法國自發性的親密關係比義務性的親密關係更盛行，對雙方較無拘束，親情包袱較輕。

法國是這麼一個令人嚮往、充滿矛盾的國度。旅居法國三十二年，喜愛觀察法國社會經濟現象，法國已成了作者的第二故鄉，作者願以其法國印象與經驗與讀者分享。

楊翠屏　法國里昂

Part 1× 家庭
La famille

尋找生母

他們是銀行家、教師、店員、心理學家、模特兒，他們心中皆有一大憾事：不知生母是誰。一九四一年維琪政府時代合法化、且於一九九三年納入民法的「匿名分娩」（L'accouchement sous X），保護婦女祕密分娩，但也使許多被收養的嬰兒長大成人有了自己的家庭後，有空虛及罪惡感，在他們的遺傳拼圖中缺乏一塊。

探求根源比較是需要認識事實真相以建立人格、身分，而較少是尋求情感。千禧年母親節前夕，巴黎人權廣場（Place du Trocadéro）聚集了數百名頭戴白色面具的示威者，這些無出生證明者，要求有權知道其出身及廢除「匿名分娩」。數小時內，他們高舉「我們的傳記屬於我們」、「自由、平等、身分」等示威牌，十五個「有權認知其血統協會」支持此遊行。法國醫學科學院（Académie de Médecine）反駁這些請願，它要求保留「匿名分娩」，考慮、了解母親的悲痛與困境，及避免無數的弒嬰案件。震驚於此種立場，十三個捍衛「有權認知其血統協會」，控告醫學科學院院士「唆使棄嬰的同謀」。

當時法國主司家庭的部長西葛蘭・法雅（Ségolène Royal，已於二〇〇六年十一月社會黨總統候選人）研究此案，贊成有限度的解除祕密，尋求「有權保留謹慎，但可撤回選擇祕密」的解決之道。

雖然匿名分娩的案件逐年遞減（一九九一年七百七十八件，一九九七年六百十五件），但此論題從未像目前那樣熾熱。母親有權保留匿名對抗孩子有權認知其血統，展開父母親屬的議論。誰是真正的父母？賦予生命或扶養孩子者？在一個社會難以定位的時代，人們極需抓住其根源。尋找族譜的俱樂部如雨後春筍，匿名的族群則在生父母一欄永遠是空白。

即使法國已認同孩童權益的國際協條，它規定：「所有的孩童，在可能的情況下，有權知道誰是其生母」，但它和盧森堡、義大利、西班牙屬於還保持匿名分娩的少數國家。不願透露身分待分娩的女性，到醫院登記後就保持匿名的祕密，醫護人員到市政府以父母不詳登記出生。

什麼樣的女性懷孕到大腹便便，卻拒絕當母親？為何她們要求沿襲古風遺留下來的「匿名權利」？有五十多位會員的「陰暗母親協會」主席注意到，匿名分娩是一種強制的決定，絕不是一種選擇，有些人是受到家人、親屬或認養團體的影響，有些甚至不知道她們是匿名分娩，而忽略此舉之後果。

年輕、窮困的單身女郎，這些女性都有一段複雜的家庭史。大多數不敢向家人承認懷孕，以致過了合法的墮胎期。根據國家科學研究中心（CNRS）一位社會學家的調查，三分之二匿名分娩的女性年齡不逾二十五歲，四分之三沒經濟能力。大部分是法國人，阿拉伯婦女屬於少數。至於嬰兒父親，幾乎都不知情對方已懷孕，因早已分手。只有五%知道女伴已懷孕且伴隨她去分娩。

法蒂雅於一九八四年七月在巴黎一家診所匿名分娩，當時她才十八歲，她在阿爾及利亞懷孕，對於回教徒而言未婚懷孕是家庭的奇恥大辱。父親把她送到巴黎一位表哥家，吩咐：「想辦法讓她不帶嬰兒回來。」到巴黎時已超過墮胎期，法蒂雅明白她需放棄嬰兒。產後隔天，人們拿著一張有法律詞文的文件讓她過目，她看不懂，一位慈善機構的女主管向她說她的孩子將會受到好的照顧。她終於簽字同意放棄嬰兒。回到阿爾及利亞後，法蒂雅在十五年內試著過著正常的生活。後來到法國定居，尋找兒子，只是想讓他知道事情的經過。今年三十八歲，她並沒有其他的孩子，「否則對她的兒子將是一種背叛，人們無法哀慟還活著的孩子。」

越來越多匿名分娩的女性，在「陰暗母親協會」支持、協助下找尋她們的嬰兒。她們成為護士、老師、檔案員，有些則處境不佳。當時放棄嬰兒肝腸寸斷受了很多苦。一旦生活上軌道，想探究孩子的近況，（他）她是否像她，較喜歡鋼琴或舞蹈。但是她們得不到任何消息。

四十五年前克莉絲汀是匿名分娩下被收養的嬰兒，四個月大時被領養。養父母一直沒向她透露身世。幾年前她向一行政機構探究其身分，接到的回答是其檔案已遺失。接著兩年繁瑣的各種行政手續之後，接她出生的婦產科醫院院長才透露，她母親要求祕密分娩。不知其身分使克莉絲汀的日子越來越難過。

「人們向我說你是我的父親……」五十七歲的傑克等待此消息已屆三十七年。他永遠忘不了二十歲時與十七歲的伴侶，抱著嬰兒走到公共救濟事業局的那段路程。放棄嬰兒後與伴侶的關係，沒持續多久就分手了。拋棄嬰兒讓他一直耿耿於懷，常想起他，痛苦、生活潦倒了十年。當另外一位女伴告訴他將當父親，不幸的回憶阻止幸福的感覺。他決定接受心理治療並寫信給公共救濟事業局，打聽孩子的下落、孩子是否尋找生父，說不定有一天……他留下住址。但無法證明是其生父，行政機構愛莫能助。他只能聽天由命，無法原諒自己。

二十六年前寫的信奇蹟似地被保留。有一天被遺棄的兒子尋求生母，由於生母早已過世（傑克在信中提起），祕密才被解除。傑克得與兒子相會，他們決定保持連絡。

西葛蘭・法雅於二〇〇二年成立「接觸個人出身的國家委員會」以來，它已解決了十五件左右親生父母與已成人兒女和諧、快樂相會的案件。

法國法律最近幾年逐漸進化，回應幾個協會的請求，例如禁止更改、偽造出生證明記載的出生地點和日期。若孩子要求，生母可選擇透露其身分，但她們也有權不這麼做。這麼一來孩子終生將承受被拋棄的遺憾。若孩子不尋找生母，以「匿名分娩」的女性無權去干擾孩子目前的生活，即法律不允許生母主動與孩子連絡。

與大多數西方社會背道而馳，當今的法國仍然允許隱瞞棄嬰的身世或請行政單位保持祕密。

三代不同堂

台灣六十五歲以上老人的居住問題，三代同堂呈普遍現象，近八成八是與子媳同住。住養老院的比率不高，子女怕被冠上「不孝」的名詞。

在法國，三代同堂極為罕見，大部分是在窮鄉僻壤或山區。婚後子女與父母同住是基於經濟考慮，並非親情因素或雙方的選擇，且僅是權宜之計。一旦子女經濟許可，一定與父母分居。

在標榜獨立、自主、個人主義的西方社會，與注重孝道、人情溫暖、尊敬長輩、家庭倫理的中國社會，東西方對安排老人居住持不同態度。法國老人獨居是否意味西方親情較淡薄、晚境悽涼；老人可憐被遺棄？事實上並不是那麼一回事。

根據《子女婚後的家庭：兩代之間關係的研究》一書（*La famille après le mariage des enfants ; étude des relations entre générations*）。婚後子女與父母居住地點之

距離如下：⑴三十・五％與父母住在同樣的城市或鄉鎮；⑵二五％的距離不到二十公里；⑶十八・四％距離在二十公里至九十九公里之間；⑷一百公里至四百九十九公里是十・八％；⑸五百公里以上是八・四％；⑹與父母共居則是六・九％。與岳父母或公婆住家的距離幾乎一樣。

孩子婚後與父母共居，農夫的比率最高。若家長職位越高，比例則遞減。已婚的子女並不期望此種生活方式。至於父母方面，雖然很想與孩子保持密切的關係，但十分明白與已婚的子女共居會造成壓力，最後將破壞他們原本期望的良好關係。他們認為孩子另築新窩，保持點距離較為妥當。

三代同堂在法國是一種經濟需要，而非一種偏好！雖然有些年輕夫婦與男方或女方的父母住過一段時期，前者難以忍受此種情況，後者亦擔憂這種生活型態。

法國人婚後與原來家庭的距離不遠的比例占五成以上。距離相近表示想保持連絡，但也可能是習慣於生長的城市、環境，不願離開朋友圈子。

住家相近不一定交往密切。兩家距離數公里，但不一定天天或常常見面。法國社會學家以關係是否密切來衡量兩代之間的團結互助程度。父母提供的情況較常見，例如放假時幫兒女看顧貓、狗，或請他們來住幾天、幾星期以享天倫之樂。

住在同一市區的父母與子女多久見一次面呢？根據一項調查：七成四每星期至少見一次面。距離不到二十公里亦有五成五。孩子去探望父母比父母來子女家較頻繁。媳婦或女婿來拜訪的次數比兒子或女兒少多了。除非女兒與父母合不來，否則三代之間的親情互動是偏向女方。

探望父母比與父母一起用餐情況較頻繁，通常是孩子以電話預先通知那天要來聚餐，當然也詢問父母是否有空。社會地位較高的後代比較會這樣做。農夫、工人或教育程度低落者，較不會主動提議去父母家聚餐。上層社會兩代之間的關係較自由。比起小城市或鄉下，巴黎則更自由。

平時由於遠距離而沒機會常見面的父母與孩子，會利用節慶日、搭橋放假日（法定假日和週末只差一天，如七月十四日法國國慶日若是週四，週五稱為橋，可以和週六、週日連休）互相拜訪，做短暫的居留。暑假時則停留較久。

兩代之間連絡密切是老年人對抗孤獨的良藥。或與兄弟、姊妹、親戚見面亦可減輕孤單。

動物在六十歲以上老年人的生活中占重要的一席之地。四成二擁有貓狗、飼養鳥魚。在鄉下的比例比城市還要高。飼養動物可助於打破孤寂。六成六十歲以上的老年人認為他們喜愛動物就像喜歡一個人一樣。其情感有所寄託，動物可當守衛及看家亦是因素。

每天需遛狗使老人不得不外出散步，遇到同樣遛狗的人，話夾子就打開。我認識三位分別是六十五歲、七十五歲、八十歲的婦女，她們養狗就是迫使自己外出，其中一位說否則她會整天在家穿睡袍，足不出戶。與鄰居、附近商店商人的交談亦可舒緩單調的過日子。

我認識六位上了年紀的婦女，她們的居家情形如下：

凱薩琳八十歲，住在一房一廳的公寓，兒子住在附近，女兒離她家十五公里。他們不常來探望她，她坦然向我說：「他們有自己的家庭要照顧，如果我有問題可打電話，知道他們住在同樣的大市區，我很安心。孫女有時會來看我，但停留的時間不長，因為她有自己的朋友、天地。」多麼體諒後代的老年人！

莫妮克是我家對面的鄰居，七十五歲。六年前丈夫過世後女兒送她一隻小黑狗。她家是獨立院式房子，她的嗜好是種花蒔草，也種青菜；天氣晴朗時，她在院子花園度過大部分時光。她五十四歲的女兒三年前離婚，老大老二可自力更生，她還須負擔老三老四（十八歲雙胞胎）的生活費。雖然莫妮克家樓上有三個房間，但她女兒不會想搬去與母親同住，後者不願三個額外人口打擾她獨居的清靜生活。女兒在我們社區租了兩房一廳的公寓。有時候星期天中午莫妮克會去女兒家用餐。

露茜安是我的右鄰，六十八歲時離婚。很高興在我家斜對面租了一房一廳的公寓，她說在這條街住久了，認識左鄰右舍，附近一星期有三個露天市場，到里昂市區的四線公車極方便，上了年紀要搬家重新適應環境不容易。她的女兒在離她住處二十公里的鄉下買了一棟房子。生了兒子之後每星期二送兒子給媽媽照顧，然後去上班，傍晚再接兒子回家。露茜安說一星期照顧外孫一天就夠了。

卡密與荷娜夫婦五十六歲是我的左鄰，育有兩男一女，老大老二皆已婚，家裡還有一個二十一歲的男孩。他們家是四房一廳獨立院式的房子。荷娜八十二歲的母親住在離她家一公里路程的公寓，每星期三母親來她家吃午餐。荷娜家有空房，若與母親同住會造成家人的不便，也沒隱私與自由。

海倫七十三歲，丈夫過世後與子女分了家產，在外租一房一廳的公寓。女兒住在鄰近社區。兒子住在離她住處三十公里的小鎮，每星期二傍晚兒子下了班接她去家裡住兩晚，星期三照顧兩個孫子（法國星期三小學沒課）。星期四早上再送她回來。

我的法國女友伊莎貝爾是律師，她在里昂出生受教育。父母在三個女兒上完大學後離婚。離婚後她的母親不得不去找工作以維持生計。退休後還是住在里昂，不會想在女兒家附近租公寓，因在里昂住久了有自己的生活圈子、朋友。雖然女兒是自己一手帶大的，但畢竟是兩代，思想、嗜好、人生價值觀、生活作息不同。節慶、假日大家一起會面高高興興，珍惜相聚時光，享受天倫之樂。若需天天見面，反而增加彼此心理負擔。

反觀在台灣幾位親戚與兒媳共居的例子：

甲親戚把販賣土地的錢財全部分給三個兒子，她輪流到三個兒子家住。媳婦對她不錯，她覺得不自在，沒有自己家的感覺。白天媳婦上班，她肚子餓了，卻不好意思開冰箱拿東西出來煮，法國社會學家認為「已婚的子女回到父母家就像自己的家，但父母到已婚子女家像是客人」。

乙親戚夫婦把所有的積蓄以兒子的名義買了一棟公寓，他們打算與兒媳住在一起。由於起初反對兒子的婚事，媳婦對公婆有成見，兩代同堂處得極不愉快，時有勃谿，兒子夾在中間左右為難。最後這對夫妻搬到台灣南部鄉下租房子。

丙親戚是寡婦，與兒媳住在同一棟不同層的大樓。她當初亦是不太贊成兒子不門當戶對的婚姻，媳婦對她耿耿於懷。晚餐時媳婦不請她上樓來，她需自理。以中國人的觀點會認為媳婦沒禮貌、不孝。但以西方人的眼光來看，這是正常現象。義務性的關係對媳婦是一種負擔、壓力，自發性的關係可減少雙方的衝突與緊張。

中國傳統的父系、父權社會、重男輕女的現象，媳婦角色特別突顯。三代同堂的居住環境，媳婦承擔最重的負荷，她需侍奉無血緣關係及養育之恩的公婆，對她是極不公平。

若經濟許可，三代同鄰不同堂是理想的居住安排。自發性的親密關係取代義務性的親密關係，大家不受壓力、約束，相聚時將是高高興興的場面。

在歐洲，孩子是項奢侈品

兩成一的法國家庭只有一個孩子，且比率有增加的趨勢。是什麼原因呢？夫妻關係或男女關係不穩定、離婚率高漲、越來越晚生第一胎：一九七四年平均年齡為二十三歲半，現為二十九歲，但擁有大學文憑以工作為優先考慮則是三十三、三十四歲。許多女性不再想生第二胎。

獨生子女已成為一種社會現象，甚至以子女眾多著名的義大利媽媽，亦滿足於一・一七個孩子。法國社會學家冉—克勞德・考夫曼（Jean-Claude Kaufmann）解釋，當今處於自我的文明意識型態下，人們不願犧牲個人的生活及希冀有小孩的願望。獨生子女使這兩個希求相妥協。

安妮是位三十一歲的西班牙姑娘，她離開鄉下到國際化大都市巴塞隆納謀生。像許多西班牙年輕女性一樣，她沒有小孩，不知什麼時候會有，甚至不知是否想要。「太多約束」，這是她的答案。當她看到雜誌上或手推車上可愛的娃娃臉就會動心，但馬上就恢復鎮定：「我將失去自由，甚至可能會放棄工作。當媽媽的負擔太重……」她苛刻地下結論：總而言之，當男女同居時，她在家已經有一個大孩子——她的男人。

在西班牙，家庭十分重要。根據歐洲委員會的民意調查機構，它是九成七西班牙人的基本價值。奇怪的是，家庭占重要地位的歐洲國家，出生率卻急遽下降。人口問題專家強調在歐盟平均一・五四個孩子的狀況下，義大利、希臘及西班牙分別以一・二五，一・三，一・二個孩子的出生率屈居末座，且婦女就業率亦最低。

「西班牙社會迫使女性在生育與成功的職業生涯中選擇其一」，加泰南女性學院（L'institut Catalan de la Femme）院長解釋：「這麼一來，她們停止生育。」並且三代同堂現象很普遍，西班牙政府並沒替職業婦女安置托兒設施。從出生到三歲，僅有二％的幼兒能在托兒所或幼稚園找到一席之地。法國則是二三％，瑞士則是三三％。家庭輔助金亦是歐盟國家中最低的，甚至落在捷克及土耳其之後。

當然三個孩子以上人口眾多的西班牙家庭可獲得額外輔助，雖然如此，西班牙女性的生育率並不因此而提高。「在西班牙，問題不在生不生第三個小孩，而是生第一胎。」巴塞隆納大學一位社會學教授如此強調。

一九九〇年代的經濟危機令西班牙四分之一的活動人口失業，年輕人停留在父母家時期延長，女性就業更困難。等找到職業生活安定下來後，要生育為時已晚。奧黛莉是一位三十歲住在馬德里的年輕高級職員，她解釋：「與父母同住至二十九歲，最初找不到工作。接著存錢買公寓，這是當地的習俗。再來就是尋找一位丈夫……目前我無法付出生孩子這項奢侈品。」

根據聯合國最近一項人口估計報告，預測二〇五〇年西班牙將是全球人口最老化的國家（以平均年齡五十五歲算起）。當政者決定處理棘手問題：提高家庭補助金，接受更多移民。人們甚至可在加泰南電視上看到這樣的廣告：一位祖母訓誡三十八歲的孫子：「你長得英俊，職業不錯，又有一位女友，你還留在家裡幹什麼！」

從北歐至南歐，雖然出生率不盡相同，但每個國家皆擔憂未來。

二〇〇〇年十一月，瑞典首相抱著一個嬰兒在報上亮相：「請生孩子！」他解釋人口赤字將造成將來的社會危機。要使八百八十萬人口代代相傳，瑞典每年需十二萬三千個嬰兒。但事實上只有三萬四千名嬰兒出生。平均一・五四個孩子的出生率在歐盟國家排名中等，甚至稍微提高。一九七一年起瑞典女性大量投入職業市場，當政者就已意識到出生率遞減帶來的後果。

德國婦女繼續生育罷工。德國是出生率繼續下降唯一的歐洲國家。一九八〇年、一九九九年、二〇〇〇年分別是一・六、一・三七、一・三四個孩子。結果死亡人數超過出生人口，若無移民，德國人口將會減少。二〇五〇年，五十八歲至六十三歲人口將會是最多數，當今則是三十五歲至四十歲。與一九五〇年相比，人口金字塔現象正好相反，當時是六千九百萬人，當今是八千兩百萬人。五十年之後，人口老化

奧塞博物館內作品。

現象將使德國人口減至六千五百至七千萬人。

擁有五千八百萬人的義大利，三分之一的義大利人不知道本國人口數字。二〇〇〇年一・二五個孩子的出生率，讓許多專家大聲疾呼：「這是人口自殺」。二〇五〇年六十歲以上的人口將占總人口的四成。若出生率在五十年間沒提高，人口將遞減至三千六百萬。一九九六年，六十五歲以上老年人比率超過未滿十五歲，一成六對一成五，義大利在世界上占首席地位。

出生率遞減促進歐洲人口老化，二〇五〇年法國六十歲以上的人口將是總人口的三成五。這與二十世紀醫藥發達，衛生習慣與生活條件改善息息相關，在一個世紀之內法國人的平均壽命增加二十五歲，但也衍生老年人疾病帶來的家庭、社會問題。

七個孩子不算多

外人無法了解他們的家規。人口眾多的家庭像小型的企業公司，尊重、耐心與互助是其法則。法國家庭平均約有一．七五個孩子，子女成群的家庭像是來自外星球。成為雜誌訪問對象的人口眾多家庭，至少有七個孩子。

「一個孩子不算少，兩個孩子恰恰好」，法國家庭出生率為一．七五個孩子，但須達到二．一個才能實現代代相傳。人口老化是工業發達先進國家日趨嚴重的問題。未滿二十歲的人口才占總人口的四分之一，三十年前則是三分之一。主要原因是子女眾多家庭的遞減，一九六八年，十五％的法國家庭有三個孩子，十八％有四個或四個以上。三十年之後，若十四％的家庭有三個孩子，四個或四個以上才僅七％。雖然一九九七比一九九八多出了一萬四千名嬰兒，此現象令人歡欣，但人口專家並不持樂觀態度。

對男人而言，在求職履歷表子女一欄若填的是眾多，其行情比較被看好。但越來越少夫婦願意擁有太多子女，孩子是在期待中下計畫出生的，必須花時間、精力去教養，「重質不重量」。

避孕藥的發明、墮胎、較高的學歷，現代女性紛紛投入就業市場，母性不再是實現自我的唯一方式。子女眾多成為母親就業的絆腳石，女性文憑收益率與女子人數成反比。城市住宅狹窄，世界人口過剩問題皆不是多生孩子的理想條件。

每年五月三十一日，法國總統表揚模範母親為世人樹立教養的典範。四個或五個孩子的母親接獲銅牌，六個或七個孩子則是銀牌，八個或八個以上則是金牌。

根據「觀察與分析生活條件研究中心」的報告，子女眾多的家庭只能在兩個極端的社會階層中找到，換句話說貧窮階級，來自北非及非洲的移民家庭，五成七有六個或六個以上的孩子。或是高薪家庭、虔誠的天主教家庭、貴族、皇室等；天主教徒信仰某些原則，認為孩子是上帝賜予的禮物，故不採用避孕，外子以前一位同事是貴族後裔亦是信仰虔誠的教徒，他有六個孩子。此外幾次婚姻結果帶來許多孩子的組合式家庭，有家族的意味。

法國人心目中的理想孩子數目是二•六，理想與現實有差距。外子一些較好的大學同學大多有三個孩子，十九年以來，家庭式汽車（Monospace）及旅行用的汽車銷路一直不錯。電視上慢慢出現三、四個孩子家庭的廣告，這些跡象顯示三、四個孩子的大家庭還是具有魅力。

在法國，有三個孩子就被認為「人口眾多的家庭」，從出生至十八歲成年除了有家庭補助金外，所得稅可減稅。平時搭公車、地鐵、火車、看電影，憑一張人口眾多家庭卡就可減價。巴黎市每年給一筆錢，家長自由決定在瓦斯、電收費、音樂學校註冊及諸多課外活動繳費時，使用這張支票。

年代最久、最具戰鬥力的「法國家庭協會」一位負責人卻認為，法國政策不優待人口眾多的家庭，在歐洲國家中法國排名第六位，在芬蘭、丹麥、瑞典、奧地利及盧森堡之後。法國政府拒絕了解子女眾多，不僅意味製造未來的消費者及輔助退休金來源的活動人口，亦是對抗社會暴力、代代之間衝突的堡壘，在人口老化的西方帶來一線生機與希望。

有些大家庭的母親很會安排、組織時間，或是請人幫忙，否則三頭六臂還是忙

不過來。選擇教養眾多子女的母親，擁有一籮筐的愛心及犧牲自我的精神。如何在百忙的生活中抽空與每個孩子有珍貴的相處時間，避免大家庭的成員過分發展小集團的精神，而且切斷與外界接觸的機會，這是做母親所擔憂的。

立包迪葉家有十一個孩子，年齡從兩歲到十八歲。第五個孩子出生後，舉家從巴黎郊區遷到西部大城南特郊區一幢大房子。除了先生電腦工程師的薪水，加上每個月一千九百零六歐元的家庭補助費作為生活開銷。若有額外的支出，則須動用儲蓄存款。

緊縮的生活預算，女主人需精打細算，例如較便宜的碎牛肉取代牛排，更遑論一家人冬天去滑雪，夏天去度假。老大、老二夏季分別當導遊及看小孩以賺取零用錢。平時一位女傭幫忙女主人作家事。小孩先吃晚餐，男女主人才共用晚餐以保留夫婦單獨相處的時刻。

在百忙的生活中，夫婦尚能抽空去看朋友，每年去旅行三次，一位退休的鄰居來照顧小孩。女主人每個月忙裡偷閒一天到巴黎散心、看朋友。一大早搭七點的子彈列車，晚上八點搭回程車。盡量好好利用難得的清靜與悠閒，她喜歡看室內裝飾店鋪，當然也不會忘記到人口眾多家庭皆知道的特價店去看英國鞋子。

大家庭成員間的關係並不是固定的，我來自一個擁有五個女兒的家庭，中學時代與大我兩歲的姊姊會有小衝突，但結婚生子分別住在美國、法國後，關係變得很融洽。母親很驚訝怎麼以前鬥嘴，現在竟有那麼多說不完的話題。

一位心理分析專家認為，在一、兩個孩子的家庭，比較會形成父母與孩子過於親密關係的危險，孩子長大後有時候較難展翅離巢。大家庭的孩子就沒那種困難，他們比較沒心理上的問題，他們學會與別人分享、互助，能過大家庭生活是一種獨特的經驗與機會。兄弟、姊妹互相競爭形成一種驅策力，對將來進入社會的人際關係有裨益。

不急著展翅離巢

經濟不景氣、求學時間延長、不定期的工作、失業危機……等種種因素，法國不少二十歲至三十歲的年輕人與父母同住。根據一項民意調查，半數二十一歲至二十四歲，五分之一的二十五歲至二十九歲的人選擇留在溫暖的家，他們被稱為「袋鼠的一代」。

由於年輕人失業率高達二五%，有工作的則付不起房租，繼續住在溫暖家窩的趨勢越來越強烈，根據國家統計和經濟研究機構二〇〇六年元月一項調查研究：二十歲至二十五歲的男生增至三分之二，女生則保持半數。至於三十歲至三十五歲階層，十個男人中有一個，二十個女生中有一個仍然與父母同住。這符合男女同居年齡的差距：男人是三十二歲，女人是三十歲。

二〇〇一年上映的法國影片「唐吉」（Tanguy）即描述此社會現象。一對五十多歲住在巴黎的夫婦，不堪二十八歲在修博士學位的大兒子（大男孩）還寄居在家，免費享用食、住、洗濯衣物，偶爾會帶女友來家留宿，干擾其寧靜的日子，於是想盡辦法讓兒子對家居生活生厭，進而快速離家去獨立。千方百計行不通，直至有一天唐吉娶了一位中國太太，在北京與岳父母共居，其父母才鬆了一口氣。影片以喜劇收場，它道盡雖然父母深愛孩子，但到某一時辰，孩子該切斷臍帶，去過自己的生活。

在他們父母的那一代，較早進入成人生活或投入職業市場。那是個迷你裙、避孕藥開始上市的時代，當時的年輕人急著找第一份差事，爭取令人嚮往的獨立自主，縱使住的是閣樓的傭人房間。他們是愛抗議的一代，在一個富足的消費社會，抗議是一種特權，一九六八年的學潮便是一例。

無經濟能力的年輕人不輕易與父母爭吵失和，否則只能夜宿街頭。繼續求學、求職訓練、沒固定收入的小工作、不穩定的愛情，現代的年輕人繼續扮演「大孩子」的角色。這是社會人口一個重要的改變，而產生一種新的年齡階級：後青少年。其外貌身體已長得像成年人。十五、六歲起就開始談戀愛，大多數有電腦和手機，行動極自由。由於他們處於社會經濟活動的邊緣，故像長期的未成年人。

三十五年以來，教育民主化，求學時期平均延長五年。大學生人數激增，但求學過程並非一帆風順，不少學生陸續試讀兩、三個學系。若他們有能力就讀，許多父母全力支持女子的高等教育，因前者深刻了解沒有文憑，一生受苦。獲得初級職業文憑十年後，四分之一的年輕技工，還是與父母同住。露西安在大學念了兩年經濟系失敗後，轉念兩年制的廣告系。畢業後找不到事，決定去念藥品推銷。我兒子的一位朋友念了一年的物理系後，轉念兩年制的大眾傳播，畢業後找到的皆是短期工作，決定重拾書本去念完物理系後再去考工程師學校。

剛剛開始求職的年輕人，很難找到固定的職業。一九九一年二分之一的畢業生一踏出校門就可找到工作。一九九五年降為三分之一，且發出無數求職信與會談之後才獲得。一九八四年未滿三十歲的年輕人，其生活水準比五十歲左右的人低於二○%。十五年之後差別則更大。

根據大學生生活觀察站最近一項調查：家境小康與家境寬裕一樣，經濟協助其後代。《神奇的家庭》（*La Famille-Providence*）一書的作者指出：「代代之間的財務支持主要受惠者是二十歲至三十歲的年輕人。其父母與祖父母樂於慷慨傾囊相助。」做父母的不得不幫助，否則年輕人無法走出困境。一位五十歲的母親讓兒子及其女友在家住了五年。她周遭的親戚朋友也多多少助孩子一臂之力。

一位社會學家分析年輕人與父母同居時期延長的原因：近三十年來家庭徹底改變，思想較自由開放。七〇年代的年輕人反對成規及父母的道德原則，婦運正蓬勃發展。當今他們成了父母，對其後代的道德規範較鬆懈，甚至可讓兒子或女兒的戀愛對象住進家門。我兒子的一位朋友與他女友輪流在雙方家住即為一例。

費麗安二十七歲，在一家公司上班十個月。在父母家衣服有人洗、餐桌豐盛、冰箱總是滿滿的。經濟困難時父母替她付帳，何樂而不為。由於住在家庭旅館，她才得以存錢去國外旅遊。

許多年輕人雖然賺的錢不多，由於在家吃住免費，才能與友伴外出看電影、聽音樂、旅行、買衣服、上餐館。這一代的年輕人缺乏遠景計畫，「活在當下」是其生活哲學。其父母的青春期不像他們那樣無憂無慮。現代父母保護他們的大孩子，也樂意能讓孩子在家中多住

一段時期，家裡較有歡愉的氣氛，否則空巢期的症狀將悄悄上身。

有些上班媽媽，孩子年幼時是鑰匙兒童，內疚沒多花時間與孩子相處。十五、二十年後，她們希望孩子多留在身邊。一位精神科醫生兼心理分析家認為，五十歲這一代沒經歷戰爭浴火、經濟危機的困苦。他們想永遠保留年輕，讓孩子在家久留，是對抗其無情歲月的一種方式。

年輕人長期與父母同住，在其呵護下，使他們慢慢在複雜環境的社會中找到自己的興趣志向，邁向自由獨立的途徑。父母與孩子共處一屋簷下形成的情況，是針對經濟現實採取的權宜之計，對雙方皆是一種拘束。根據一項民意調查測驗，若經濟能夠獨立自主，九成的年輕人早就展翅高飛了。

二〇〇五年九月回台時與中學好友見面，她說當今台灣年輕人有三個信條：1.不結婚2.不要有小孩3.住在爸媽家。她就有三位成年的大孩子。台灣的年輕人大多數是結婚時才搬離父母家，或甚至繼續與男方父母同住，極少立業後就去自立門戶，此點異於法國年輕人。

不願離鄉背井去就業

「到國外工作的經驗較能在職業生涯攀升得快」，雖然年輕人在大學或就業市場常常聽到這種論據，事實上很少法國青年人試圖去異地求職就業。他們的理想是在離家不遠處上班。

一句古老的法國諺語：「快樂得像住在法國的上帝」，法國年輕人是此諺語的奉行者。「學校向我們重複求職要有流動性，否則找不到工作。」今年二十九歲的大衛當時在校發出的求職履歷表，皆填寫強烈的流動性。六年前一旦在波第葉（Poitiers）商業學校國際貿易文憑在手，他唯一的念頭就是在故鄉里昂找事定居。現在一家區域性的出口雜誌當編輯。這與他當時選的課程不太符合。「我選國貿系是為了有更多的就業機會，但我不願離開里昂。」他強調職業流動性是一種不可錯過的機會，但他言行不一致。

法國年輕人有不少像他這種例子。在這個商業、經濟日趨國際化的時代，法國人不太想到外鄉異地冒險的心態，不符合世界潮流。理想與需要在家鄉定居的現實相衝突。

原則上，大家皆同意向外發展是職位升遷的跳板。里昂著名的企管學校（EM）負責人證實：「入學考通過後，某些學生先到國外工作、實習一年後再入學。」「年輕人對就業國際化的現象極感興趣，因職業發展較快。」一家跨國技術公司負責招募人才的副理也這麼想。「到國外實習過的年輕人，回國後充滿到國外就業的動機。」一位專門替跨國公司招募人員的事務所經理亦採同樣的言詞。

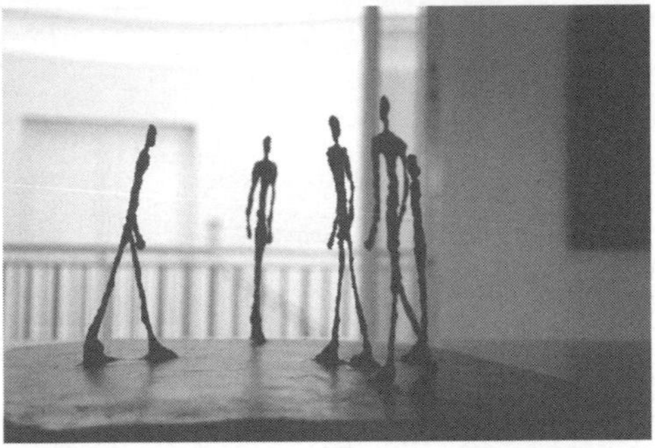

商業學校、工程師學校及大學皆順應此潮流。例如工程師到美國或加拿大研究一年是常事。幾乎所有的商業學校，皆與外國大學交換合作來招攬學生。里昂的企管學校規定必須在國外實習一個月。地雄（Dijon）的商業學校，則與西班牙語、德語及英語系國家合作為招牌。

事實上，對於文憑到手的年輕人，到國外就業並不如人們想像那麼具有吸引力。幾所著名的商業學校（HEC, ESSEC, EM）的畢業生，約一成七在國外找到第一個工作，其他的商業學校約一成。

以嘉是我一位中國女友的女兒，一九九七年南錫（Nancy）商業學校畢業，那一年約兩百五十名學生，最後一年（三年級）到與學校有交換計畫的國家念書。她是唯一到北京讀中文，畢業後在大陸工作三年才回國的人。雖然受的是法國教育，由於父母是中國人，中國對她有吸引力，故留在那兒就業的意願強烈。

安娜・羅荷是我法國女友的女兒，以前我兒子在音樂學院就讀時認識她的家人。她熱愛音樂，一天拉小提琴五、六小時，二〇〇一年六月獲得里昂三大工商管理系二年制的初級文憑，九月時考入里昂高等音樂學院，她決定走音樂這條路。二〇〇五年七月順利畢業，小提琴組的畢業生是十一名。其中一位通過淘汰考試在管弦樂團覓得一職，剩下十位，她去柏林音樂學院深造，另一位同學去馬德里，其餘的皆留在國內。

西葛費黛是我另外一位法國女友的女兒，她在漢斯（Reims）企管學校就讀時，班上八位同學與她前往上海同濟大學就讀。二〇〇四年六月畢業後不想留在中國就業，男朋友在法國是原因之一。在中國居留三年期間很少與中國學生、中國人接觸，當然沒交到什麼中國朋友。與她同行的法國同學亦沒在中國留下來。

兒子念里昂三大，主修英文、中文及商業。二〇〇五年九月在國際學生交流計畫下，到台灣一所大學念碩士最後一年課程。他希望畢業後在台就業幾年，台灣是他母親的故鄉、祖國，也是他的根。大三時，他是班上唯一去國外實習一個半月的學生。其他到大陸念書的八位同學，取得文憑後，只有一位想留下來尋求異國職業經驗，其餘皆想打道回國。

法國已廢除義務兵役制度，改成職業軍人。年輕人失業率高達二五%的情況下，從軍、有固定薪水對不少年輕人極其誘惑。我家左鄰的長男高中畢業考沒通過，加入海軍，成了職業軍人後才結婚生子。想從軍的年輕人與國防部簽約後，若不適應可在六個月期間解約。解約的理由是受不了遠離家人、女伴之苦，無法常與朋友見面，當然有的是無法適應環境、忍受各種約束，而被國防部解約。

招募法國人赴國外就業的駐外機關負責人，抱怨申請者逐年遞減。一九九八年是三千五百名，千禧年則不及一千名。駐馬德里國際移民機關的一位代表憂傷地證實道，義大利和西班牙一樣引不起法國年輕人的興趣。

倫敦是唯一還能吸引法國大學畢業生的城市。學財經的若想大展鴻圖，最好去倫敦的財政中心（City）工作一陣子。其他眾多跨海來到英國的年輕人，他們覓得薪水不高的工作，改善英語能力後就捲鋪蓋回國，法國駐英國專門負責十八歲至三十歲職業的中心主任解釋道。

對許多未來的高級職員而言，職業國際化意味到國外短暫停留。「他們願意到柏林觀光一星期，就是不想住在德國工作幾年。」一家工程公司國外部門經理惋惜地說道。

法國經濟漸漸上軌道可用來解釋為何到國外就業興致不濃。Xerox法國公司招攬人才負責人十分清楚：「大家皆承認流動性，卻很少去執行。」在國外有輝煌騰達的事業與離家不遠的一個職位之間，千禧年的年輕高級職員選擇在家鄉就業。

公司招聘人員所顧忌的是愛情的阻力，不少人二十二歲已有對象，朋友亦是抑阻外放的原因。蘇菲二十二歲，在一家出版社上班，「像我們這種年齡不容易在國外交到朋友。一切需從頭開始。」年輕人害怕人遠情疏。

奧德莉二十九歲，擁有博士班一年級的文憑，不願離開里昂。她從此不再提起職業流動性，「我已婚，育有一子，且有一群朋友。」雖然孩童、少女時期在紐約住過六年、馬來西亞一年、洛杉磯兩年，「我當時跟隨父母，沒選擇餘地。現在我經營我的生活。」

公寓、朋友、狗伴、微波爐是幸福的條件，現代年輕人是否不夠成熟？有時候很難切斷臍帶。露意絲二十一歲，在大學當旁聽生，在巴黎找公寓，她選擇隔離父母家兩條街之遠。「這較方便，若有一天我的冰箱空無一物。」

卡欣二十六歲，在一個國際財團當助理。當人們向她談起到國外就業的益處，她聳肩回答：「為何要離鄉背井？」現嶄新的溝通工具可使她不離開辦公桌，就可管理歐洲帳務，寄英文電子郵件、打電話。若需搭乘班機，她則當天來回。她完全承擔拒絕到國外工作的念頭。

許多招聘到國外就業人員的負責人已逐漸適應此種趨勢，他們選擇在當地聘請。至於商業學校對此現象的詮釋是，並非年輕人沒流動性，只是他們不願全力以赴。

二〇〇六年三月四日以「在異鄉的法國人：為法國帶來運氣」為主題，法國參議院開放讓民眾自由參觀。這是首次集合官方、企業與民眾，交換、討論法國人在國外的現象及影響力，民眾亦可直接接洽、詢問法國文化及法語教學在異國的管道。官方舉辦此活動的目標之一，是向無形中發揚法國文化在國外居留的法國人致敬。

目前約兩百萬法國人在國外工作、居留，其中約半數是在歐洲。歐洲委員會宣布二〇〇六年為就業者流動的年度，這是繼以往鼓勵歐洲學生交換計畫後，推動年輕人到國外找第一個工作。公司企業對於到異國就業過的應徵者通常印象良好：具備適應能力及精通一種外語是變動職場的王牌。

Part 2× 餐飲
La cuisine

法國人愛喝酒嗎?

法國的葡萄酒種類不勝枚舉，馳名於世，「法國人愛喝酒嗎?」此標題是否唐突?台灣有銷售法國酒的專門店，也有飲酒俱樂部。

根據一九九八年三月的流行病學雜誌，一項首次研究飲酒益處的報告，結果顯示適量飲酒不僅可對抗冠心疾病，其他心臟、腦血管疾病及許多癌症，每天喝兩、三杯酒可降低三成的死亡率，癌症患者的致命率則遞減兩成。

雖然適度飲酒有益健康，最近三十五年，法國飲酒人口逐年遞減，幾十年來法國人與葡萄酒之間的密切關係已慢慢疏遠鬆懈。根據農業部屬下農業研究機構千禧年一項調查，法國人不再那麼熱衷喝酒。每個人每年平均飲酒量為六十公升（二十年前為一〇五公升），其飲酒冠軍的美譽已快被義大利追上，葡萄牙與西班牙緊跟其後。

一位研究酒銷售市場的專家，亦證實法國飲酒人數及酒量降低的趨勢：自從一九五〇年以來，酒量減少六成六，一九六〇年以來則降低五成，至於每天固定飲酒人口比率則大量瓦解，一九八〇年是四七%，一九九〇年是三〇%，千禧年則降至二四%；逐年遞減的趨勢已成為事實。

二十五年前，每兩個餐桌就有一個有酒伴菜，千禧年則降至五個餐桌才有一個飲酒進食。諾曼第甘城（Caen）大學醫院精神科主任查喜輝昂教授（Pr E. Zarifian），亦是研究法國人行為舉止的專家，認為理由很簡單：「酒已不再是十九世紀中葉以來伴隨餐桌的傳統飲料；現代社會的生活組織，許多人中午在外吃速食或三明治。尤其新的生活方式較注重健康與體型，沒時間慢慢品酒。」

最近二十五年，礦泉水已成為法國人用餐最愛的飲料，當今每兩個餐桌中就有一個只供應礦泉水，其次才是酒、自來水與蘇打。至於喝啤酒的人越來越少，五%的法國人午餐或晚餐時喝啤酒，二十五年前則是六・七%。所有的社會階層皆受此現象的影響。甚至連一向愛喝酒的農民亦減少在餐桌上飲酒的次數，至於中產階級及大眾階級，啤酒逐漸取代酒。有些餐廳為了招徠顧客飲酒，供應半瓶或四分之一瓶酒，若沒喝完一瓶，甚至可攜帶回家。

經常喝酒的人越來越少，不喝酒及偶爾喝的人數則相對增加。年輕人不愛喝葡萄酒。買葡萄酒的法國人，年齡逾三十五歲占九成。十八歲至三十歲階層六成五宣稱不喜歡葡萄酒。

社會學家兼企業諮詢梅爾美（Mermet），專長分析生活型態及社會變遷。他解釋葡萄酒不受年輕人歡迎：「他代表父母那一代，青少年拒絕的那一代。酒不是年輕人生活方式的表象，它意味著過去，是父母與祖父母的飲料。它傳達一種年輕人不再分享屬於傳統、歷史的文化與心態。所以葡萄酒不受年輕人的垂青，因為它不屬於他們的世界。」

不愛喝葡萄酒的年輕階層卻是吸菸最多，十八歲至三十歲六成五抽菸。他們拒絕喝酒不是考慮健康因素，僅僅是年代及過去的文化問題。

年輕這一代有一天會喜歡喝酒嗎？「青少年喝酒為了肯定自己，證明他是成年人」的根深柢固形象已成為過去式。若他們有機會喝酒，「偶爾喝」停留很長的階段，其長輩卻很快成為「經常喝酒」。許多調查結果證實，一九八○年代的年輕

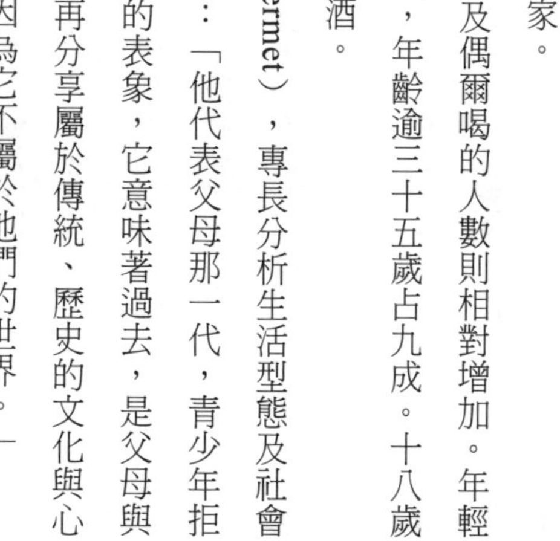

奧塞博物館內咖啡廳。

人，從三十歲起大多數皆成為「酒的經常消費者」，一九九〇年代的年輕人卻需等到四十五歲，千禧年的年輕人則需等到五十五歲，才會對酒感興趣。最近二十五年，未滿五十歲經常喝酒的數目減少了將近四成。

酒是否成為上了年紀者的飲料？根據多項調查顯示，自從十五年以來，年紀最大的階層是唯一增加酒量的人口。直到九〇年代初期，逾五十歲至五十五歲經常減少其酒量。但是一九九五年、九八年及千禧年的陸續調查產生一個反現象，五十五歲以上、甚至逾六十五歲，飲酒量及次數高度增加。

法國人對酒的學問越來越膚淺，尤其是年輕的一代。雖然大多數的法國人皆知道「酒是法國文化遺產的一部分，其品質視土質而定」，但他們卻不知道香檳是一種酒。

法國酒的文明是否尚有前途呢？對於研究酒的專家而言，法國酒被認為與他人共飲的最佳飲料（邀請朋友時，九成的法國人會買一瓶酒）這項事實，使他們持樂觀看法。偶爾喝酒（一星期喝一、兩次）的人數從一九九〇年代中期逐年增加，千禧年達到四成人口是令人鼓舞的現象。比率增加是否意味法國人對酒量重新另眼看待？事實不是那麼一回事。偶爾喝酒者大部分是經常喝酒者改變了習慣，而不是酒市場吸引了新的消費者。

另一個使酒專家充滿信心的現象是，當今法國人消費五成以上品嘗管制的酒（Appellation d'Origine Controlée）或上等酒；二十五年前才占三成呢！這表示法國人很在意他們的喝酒品質。雖然他們喝得較少，但不惜花錢買酒。

雖然普通酒的銷售量很少，名酒與香檳酒卻沒問題，它們屬於獨特的市場。法國人認為香檳酒是節慶日的飲料，它有其獨特的地位。連不太欣賞葡萄酒的年輕人也蠻喜愛香檳酒。一九九九年三成的法國家庭至少買過一瓶香檳酒。法國人喜愛喝的酒除了香檳酒外，波爾多地區的名酒名列第一，再來是布貢尼地區（le Bourgogne），最後是隆河丘陵（le Côtes-du Rhône）。

介於一般的消費品及節慶用產品之間，葡萄酒的地位如何呢？法國人喜愛它，它象徵法國精神、鄉土，但不太能適應現代新的生活方式。半世紀之前，酒幾乎是法國人唯一含有酒精的飲料，現在只占六成，啤酒、烈酒紛紛上市。酒的前途就在日新月異的生活形式及眷戀傳統之間搖擺著。

為何年輕人喜歡喝得醉醺醺

自從四五十年以來雖然法國人的飲酒量減少了一半，法國卻與葡萄牙、義大利分享不太榮耀歐洲飲酒冠軍的地位。令「預防酒精中毒協會」負責醫生擔憂的是，從一九九〇年起酒精含量並未遞減，且呈平穩狀態，平均每個人每年飲量約十三公升。法國人酒精消費量在歐洲亦名列前茅。

在合法與非法的麻醉品中，地方行政單位為酒精中毒後果付出最大的代價。巴黎第一大學一位經濟學者，首次估計酒精、香菸、海洛英、可卡因等代表的社會成本，總金額是三百三十四億歐元，酒占首位（五二・四％），接著是香菸（四十・九四％），非法麻醉品僅占六・一二％。經濟學者尤其研究長期消費上述麻醉品引起的疾病治療費，即過世或缺席導致勞動生產力的損失。政府各部門之間對抗麻醉品及毒物上癮的機構十分重視這項研究報告。

「什麼樣的酒都沒關係，只要能夠喝醉便行」，這句諺語似乎符合當今法國年輕人的心態，因越來越多人愛與一群朋友乾杯。對某些年輕人而言，慶祝生日、新年、考試完畢、週末……等皆是喝酒的機會。他們飲酒並非樂趣，而是為沉醉。就像食用其他麻醉品一樣，但與非法麻醉品不同的是，誰皆可正正當當地去買酒，然而後者卻造成較多的犧牲者，一九九八年有一千五百名酒精中毒而陷入昏迷，卻只有一百七十名因海洛英藥劑過量而致死。

年輕人飲酒包括法國每個地區、城市、所有社會階層。在省區二成七的年輕人一年中至少醉過三次，一九九三年才一成七。至於十二歲的青少年，半數皆喝過酒。法國教育部長拉緊急警報，在校區作預防宣傳活動。

自從十年以來，未滿十八歲喝酒人口比率逐年增加，法國年輕人從未像現在一樣喝那麼多酒。根據一項持續五年的調查，歐洲其他國家的年輕人亦一樣。法國十二歲到十八歲滴酒不沾的人數，從一九九〇年五五%降至一九九五年三五%，千禧年則是三〇%，偶爾喝酒人數從一九九〇年四〇%增至六〇%。至於偶爾喝或經常喝酒的年輕人，從十年前的二五%增至五五%，換句話說最近十年的人數倍增。

十七歲的歐洲人，五成至少醉過一次。一九九九年五萬五千名十五歲到二十九歲的歐洲人，因飲酒過量而招致死亡。父母手足無措，不知如何幫助孩子，一位治療酒和毒品上癮專家的精神科醫生認為，該「讓年輕人負起責任」。二〇〇一年三月「世界衛生組織」歐洲部長級會議，討論「年輕人與飲酒」而拉警報。

年輕人飲酒並非樂趣，而是為了沉醉。

不僅越來越多年輕人喝酒，且越來越年輕。此現象如何產生呢？年輕人的不適感。許多離婚家庭、經濟危機造成的失業、越來越緊張、艱難的社會生活、越來越難已進入的成人世界……等因素，皆引起年輕人的憂慮，而藉酒精消愁。問題是他們不知飲酒過量的危險。

當今年輕人的飲酒不同於大戰後潛伏的酒精中毒。他們於週末呼朋引伴大量喝酒，喝下二、三十罐啤酒、十或十五杯威士忌、伏特加酒、杜松子酒（**Gin**）加充氣飲料、潘趣酒（**Punch**）。他們不是慢慢啜飲，而是快速豪飲，最重要的是快點完全忘掉現實。週末飲酒像是一種儀式。

負責「預防酒精中毒協會」的卡波雷醫生（Craplet）認為：「一旦邁入成年人的生活，二十五、六歲時，這些少男少女會採取一般法國人的飲酒方式所以很難說這些年輕人已經變成酗酒者。」

精神科醫生、心理分析專家、兼一所中學、大學特設診所所長伊荷（Huerre），出版了《漫遊在青年國度》（*Voyage au pays des adolescents*）一書，分析青少年面對麻醉品、香菸的行為舉止。解釋年輕人愛向同儕團體看齊的態度，大家相聚從事同樣的活動。此外對於大人的說辭，他們故意挑逗。年輕人這樣來肯定他們這一代的差別。

他們追求酒緩和、驅除抑制的效果，助長溝通的幻象。年輕人對青春期身心的改變感到不安，因而藉助酒、毒品來自我治療。青春期的少男少女覺得無法控制身體內部的變化，亦認為失去掌握命運的能力，喝酒使他頓時變成偉大與萬能。

家庭環境、溫暖親情使年輕人不至於陷入依賴酒精。但若只與不良少年來往，他易被引誘。青少年本身的個性、自尊、內斂使他能夠解決酗酒的問題。反之個性較依賴別人、心靈較脆弱，則容易依靠一種產品，尤其還未切斷與家庭的臍帶關係。從依賴家庭轉移對酒精或毒品的依賴。

一個星期五晚上，巴黎西南郊一所高等商業學校（HEC）校園，盛大舉行兩個月一次的晚會。本校學生或其他高等學院、巴黎大學的學生陸續來臨。年齡在十九歲至二十三歲之間。他們聊天、玩樂、喝酒。很多學生來參加晚會之前已喝過酒，但他們還是繼續喝酒，喝得醉醺醺。他們喝酒的理由是好玩、改變思維。女學生喝的和男學生一樣多，他們不認為是酗酒者，只是飲酒作樂。

雖然年輕人未來很少變成酒鬼，但週末飲酒過度後駕車危險性極高，未滿二十五歲發生車禍的年輕人，其中五成是酒醉開車。嚴重的是他們不認為酗酒開車會有什麼問題。

「道路安全組織」提倡在夜總會指定「當晚不喝酒、擔任駕駛者」運動。某些年輕人不喝酒，但有些因不必開車就盡情暢飲，變得凶暴，或有的成為酒鬼。這是令人擔憂的反效果。吵架、滋事、濫交、沒採取保護措施的性交、在車上不繫安全帶……等，皆是在沉醉情況下的舉止行為。

溫馨的聚餐時刻

數年前台灣有一項「請爸爸回家晚餐」的宣傳活動。諸多難以推辭的應酬、人際關係，使台灣男人犧牲與家庭溫馨的聚餐時刻，而在外面用餐。台灣大小餐館到處林立，國人也愛闔家到飯店用餐。

極大多數的法國人在家裡用餐，八成每天在家午餐，九成以上在家晚餐。法國「觀察生活條件研究中心」一九九九年一項調查結果：法國人愛在家裡吃飯，他們上餐館的次數並不比十前年來的頻繁，父母與孩子極需要團聚用餐。可見法國人極重視家人一起用餐的時候。

根據一家專門研究餐館市場的企業公司總經理的分析：以整個法國的角度來看，九成以上在家晚餐是事實的寫照，但每個地區有極大差異；巴黎遠郊居民很少中午回家用餐，可能不到五成。在許多大城市裡，價格不到十五歐元的餐館顧客有增加的趨勢。

七、八〇年代幾項預測認為法國的飲食習慣會漸漸附和美國人：越來越多人外食、不吃正餐整天吃零食。事實上並不是那麼一回事。在外面用餐對法國人而言是例外，闔家在家用餐的習慣代代流傳且抵擋任何潮流。從一九八八年以來，在家用餐人口的比率成平穩。半天式的工作、彈性的上班時間、學生人口增加、速食餐廳的發展……等，並未改變法國人的習慣。上大學的兒子，雖然學校附近有麥當勞，他還是較喜歡中午在家用餐，雖然有時我只做簡單的飯菜。一位中國女友兩位念大學的兒子與女兒，每天中午必定回家享用媽媽做的一手好菜。

法國人在家快速吃午餐（約十五分），然後再回工作崗位。至於晚餐則較正式，像一種儀式，七成二的法國人在七點半左右定時晚餐。不按時晚餐約一成六。六成法國人一邊吃飯一面看晚間電視新聞；工人或職員家庭則升至七成一。晚餐的特色是全家人一起分享，不及一成的小孩和中學生不與父母共食。至於每個人進食的時間不同僅占少數，指的是年輕人、都市人、沒孩子的夫婦因上下班時間不同而獨自用餐。

晚餐時間極重要，平均花三十三分鐘，週末則延長至四十三分。北部地區用餐時間較短約二十五分鐘。西南部較長約四十分。晚餐是沿襲本世紀初法國農業社會留下的傳統。它繼續成為法國家庭與文化根深柢固的一種生活方式。英美無美食傳統，較個人主義、實際，較不眷戀過去，他們喜歡令生活簡化的速食店或飯店。

家庭晚餐不僅是家人團聚的珍貴時刻，法國人亦重視食物的品質與多樣變化。一成的法國人只吃一道菜、五成以上除了主菜外加上乳酪或甜點，二成五則是開胃菜、主菜、乳酪或甜點具備的套餐。酒、礦泉水、啤酒、果汁是其飲料。遇到家庭成員的生日或節慶日，七成五的家庭會買生日蛋糕或應景糕點。

醃酸菜配豬排、香腸
受到三十一至三十九歲年齡層的垂青。

不同年齡階層喜愛不同的食物。十八到二十九歲偏愛像披薩、麵條、或加碎牛肉、番茄醬的多層麵塊（Lasagne）等義大利菜，亦常吃牛排加炸薯條和北非阿拉伯名菜古斯古斯（Couscous）。果汁及汽水是其飲料。凡是含有巧克力的點心，他們全盤接受。

三十到三十九歲被區域性名菜燉鴨或燉鵝加小白豆、臘肉、香腸的什錦砂鍋（Cassoulet）、醃酸菜配豬肉、香腸（Choucroute）、乳酪大鍋（Fondue）吸引。他們亦十分喜愛海產，常吃海鮮及燻鮭魚。賞識巧克力點心及水果派。

四十到五十歲講究美食，是鵝肝、鴨肝及鴨胸肉的主要消費族群。他們亦垂涎所有加汁的肉食及各種乳酪。至於點心，千層糕、熟蘋果配餅乾（Charlotte）、挪威式蛋白冰淇淋（Omelette Norvégienne）、長型夾奶油的糖面小糕點（Éclair）是其最愛。他們是名酒的大主顧。

至於過了五十大關的法國人，口味偏愛以烤箱、烤架作出的烤肉、或牛肉與多種青菜燉燜的大煮鍋（Pot-au-feu）。他們青菜的消耗量是年齡未及四十歲的雙倍。這年齡階層多吃水果或各種水果派。

雖然大量婦女投入就業市場，一九九七年她們花三十六分鐘準備晚餐，比一九八八年少了六分鐘。週末則花費四十四分鐘。越來越多的男性在廚房幫忙，十年前是四成六，當今是五成五。法國主婦準備些什麼菜呢？通常她們做些從母親、外婆那兒學來的食譜。沙拉是在超市買已切好洗好包裝好的，青菜很多皆是冷凍。

飲食習慣、餐桌的傳統幾乎很少改變，傾向保守。但有地域上的區別，例如法國南部及農業傳統極濃厚的地區，晚餐通常是套餐，酒是其飲料。至於北部工業化及東部工人較多的區域，則是以肉類食品、炸薯條、啤酒為主。口味、吃的樂趣、家人團聚話當天的活動，使神聖的晚餐成為法國人一天中最重要的溫馨時刻。

盤中物

二〇〇六年五月中旬，我與外子在巴黎搭機赴新加坡，在戴高樂第一機場看到Food Court的指標，興致高昂，喜孜孜地到地下樓看個究竟，結果大失所望，只麥當勞一家餐廳，竟敢大言不慚美譽Food Court，未免指標不實，遠與美國的Food Court大相逕庭。

美國鹽湖城一商業中心內之Food Court規模之大令我印象深刻。Mall內的各種食物攤位，是很普遍的現象，新加坡的Food Court、Food Village、烏節路開張半年的Food Republic，台灣百貨公司的美食街（一〇一大樓叫Food Market）……等在法國時興不起來。尤其從早上十一點開店至夜晚十點半左右方便的小吃店，下午四、五點肚子有點餓，在新加坡可吃一碗湯麵，在台灣可叫個肉羹、肉圓等小吃。在法國只能吃糕點、麵包或三明治。

四年前的春季，三姊妹從美國和台灣飛來法國與我相聚，我們驅車出遊，興高采烈、話題不斷、遊意正濃，忘了法國飯店營業至兩點多，看看手錶一點三十五分。十分鐘後趕到一家餐館，老闆卻拒絕收客，因讓我們入座的話，他會搞到下午三點之後，寧願不做生意，也不要多一份辛勞；或是他擔心員工工作時間超過法定時數，是犯法行為。幸虧兩點多找到一家尚開著的麵包店，我們以糕點果腹。住在美國與台灣的姊妹們總算見識到法國餐館營業時間之限制與不便。

最近幾年法國有些中國餐館以吃到飽的自助餐方式招徠顧客，法國餐館則不流行。大飯店、四、五星級的旅館也沒自助餐，亦沒兩點半開始的下午茶。我在連鎖旅館 **Ibis** 及 **Campanile** 嘗過吃到飽的自助餐，不過菜色種類不繁多，且雞腿、牛肉丸、鮭魚吃一次很快就撐腸拄腹，不會想再享用。

百貨公司亦沒琳瑯滿目的地下食品街。我光顧過家樂福附設的餐館，菜肴普通，伴隨的青菜常是罐裝的（四季豆及青豆），只是果腹而已，沒有美食後的和平幸福感。外子說法國餐館有兩種：一種是自助餐式（Buffet），依照你拿幾樣菜、點心、飲料來算錢；另一種是在餐館點菜，由侍者服務。法國的傳統、法國菜的材

法國人不像台灣人常上餐館。

料難以吃到飽的自助餐方式讓顧客享用。有些餐館提供當天推出的一道菜（Plat du jour），價格約八至十歐元（三百二十元至四百元），但也只限於用餐時享用。

台大醫院地下樓有餐廳、書店，台北榮總亦有雜貨店、餐廳，法國的醫院內沒對外開放的餐廳，它僅供醫院就職人員使用。里昂南部醫院（Centre Hospitalier Lyon-Sud）婦科、產科那一棟建築，有一家賣報紙、雜誌、麵包、糕點、三明治，可供人喝熱飲的店鋪，就是沒供應熱食的餐廳。

法國人不像台灣人一樣常上餐館，兩成五從未到過飯店。外食人口中六成五是在公司或學校食堂，有的則在麵包店買三明治或菜餚專賣店（Traiteurs）解決民生問題。速食店和飯店顧客不多，法國人荷包不豐厚，很少人花得起一個人二十三歐元的中等餐館。法國餐館無法大眾化原因是，營業稅及包括廚師在內服務人員的費用高，不少高級餐館因生意難做而紛紛關閉。

我每次回台探親、訪友，親戚、朋友皆在餐館請客。在法國，朋友請我與外子或我們請朋友吃飯，皆在家裡，極少上餐館。二〇〇一年夏天我回台時，外子因女主人不在家破例請一對朋友夫婦到中國飯店用餐。二〇〇一年搭機返法，我與一位約三十五歲的德國人鄰座，與他討論法國人與德國人請客的情形，他亦同意一般德國人皆在家請朋友用餐。

我們一家人以往很少上餐館，旅行時則例外。二〇〇二年九月，意外在里昂市中心發現一家中國餐館，試了一次覺得菜色不錯，價格也公道。從此每隔兩、三個星期光臨此家飯店。當然也順便上書店看書、購書。此外我也每隔兩、三個星期上中國商店街吃一碗金邊湯（什錦河粉湯）及採購中國雜貨、食品。最近五年我們一家人會趁著每位成員生日或結婚紀念日上法國餐館。

歷史上的王公貴族皆嗜食大魚、大肉，少食青菜，他們認為窮人才食綠色蔬菜。歐洲帝皇查理五世（Charles Quint 一五〇〇～一五五八）雖然五十八歲辭世，但好食大肉，一生皆受痛風之苦，四十歲時就已老態龍鍾，未老先衰。

四〇年代末期，波士頓醫生以郊區佛明罕（Framingham）人口為觀察對象，發現香菸、飲酒過度、高血壓、膽固醇過高、糖尿病、缺乏運動……等對人類健康構成威脅，於是發展「生活健康」的新觀念。

「飲食均衡身體健康」是法國人新的飲食信條。五、六〇年代的「大吃大喝」，七、八〇年代的三明治、沙拉皆被束之高閣。速食及披薩銷路緩慢下來。五成的法國家庭注重營養，他們從未像現在那麼在意盤中物的營養價值。城市居民及高級職員尤其關注。

五十年前，每個人平均吃下兩千五百的熱量，當今，男士約兩千，女士是一千八百。法國人減低馬鈴薯、糖分、油脂食物的消耗量。反之，蔬菜的消費量大幅增加，法國人了解身體發福有礙健康。

社會學家解釋：往昔物質缺乏的時代已經過去，豐滿的身材已不再流行，現代文明歌頌輕盈窈窕的體態，若擔憂病態的老化，就要保持年輕的外表，不要邋邋遢遢。飲食均衡這個概念意味一種新的生活方式，以另外一種角度思考與大自然及動物的關係。

法國人的食肉量，一世紀以來逐漸增加至一九八九年的高峰期，平均每人一年的食肉量為九十五公斤，包括牛肉二十二公斤。九〇年代初期情勢逆轉，尤其牛肉

的消費量降至十七、八公斤。狂牛病發生後有一陣子更加強此種現象。

像英國人、美國人一樣，二十年後法國人改變過多肉食的養生法。不久之前眾多法國人還認為牛肉是必須的食物，現在則不這麼想。雖然豬肉和雞肉的銷量呈平穩，但越來越多消費者強求認識養殖方式。

法國人並未變成素食者，但不覺得每餐必須吃肉。肉類是營養均衡不可或缺的食物，但食量過多則有損健康。我周遭的朋友就有三家晚餐不吃魚、肉，只吃清淡的食物。不使用農藥自然成長的青菜（Bio），越來越受法國人的垂青，購買新鮮蔬果、食用不含化學成分的健康食品是社會進展的後果。

遵守飲食均衡規則的意願，法國人改變根深柢固的飲食習慣，早餐麵包塗牛油、果醬或可頌麵包，抵擋不住營養學家認為較適合小孩及青少年的穀類食品，消費量有逐年增加的趨勢。三年以來，我們家早餐食用防止過量膽固醇及有助心血管功能的植物油；烹飪用的是均衡的食用油Isio4, Isio Protect（Lesieur）。

魚、貝殼、蝦、螃蟹等海鮮及法國盛產的乳酪消費量亦逐年增加。新鮮或冷凍蔬菜一年的消費量在十年增加二十四公斤。反之，法國人較少食用馬鈴薯，麵包的分量也減少。做菜時亦放較少量的油。糖的用量也減少，代糖食用量法國居世界亞軍，冠軍是美國人。約有二成八的法國人食用，十年前還不到一成呢！

中國菜在法國十分受歡迎，因菜色種類多也不油膩。在超市可看到豆芽、包心菜（俗稱中國白菜），十年內消費量劇增十倍，不少法國人知道豆芽的營養不亞於牛排。芭樂、芒果、鳳梨等外來水果亦陳列於超市。冬天時亦可買到南非、智利進口的葡萄。我家附近的露天市場也賣柿子。雖然日本餐館數量無法與中國餐館相比擬，但越來越多的法國人愛品嘗日本菜，尤其是巴黎人，甚至有學習做壽司的課程。有些超市則銷售生魚片及壽司。

法國人心目中實用的家用電器機是冷凍櫃，五成以上的家庭擁有，其次是洗衣機、洗碗機或瓦斯爐。許多法國女性上班，冷凍食品為她們節省下廚的時間。九成三的法國家庭買過冷凍食品，其中青菜與馬鈴薯占半數。一九九七年法國人食用的青菜，有兩成來自冷凍。冷盤（第一道菜）、披薩、煮熟的菜餚、魚等冷凍食品皆受歡迎。飯店、學校及公司餐廳五成以上的佐料也使用冷凍食品。

法國沒小吃店，在外用餐沒像美國那麼方便。倫敦市區三明治及飲料店鋪到處林立。極少台灣家庭擁有冷凍機及洗碗機。

食用自家菜園的菜蔬是一種沿襲已久的法國特色，涉及所有的社會階層。法國食品的消費量約一成五來自家菜園、雞舍。三成的馬鈴薯、二成七的青菜、一成七的雞蛋、一成五的水果皆是家庭產品。至於肉類，七成的兔子、四成的鴨子、兩成的雉來自家庭兔籠及雉、鴨舍。

一般民眾逐漸意識到多食青菜、水果、魚，盡量以白肉（雞肉）代替紅肉（牛肉、羊肉），攝取過多飽和脂肪對身體有害。最近兩年我亦改變飲食習慣。

常言道「生命在於運動」，運動可促進肺部氧交換、血液循環，改善心肺功能，進而提高身體各器官的代謝與功能。它可預防骨骼老化、骨質疏鬆、心臟血管疾病、乳癌、老年痴呆症、糖尿病，維持身體平衡感、減輕高血脂症、焦慮感……等。尤其年過五十大關，生化代謝緩慢、失調，單靠限制熱量攝入、控制體重是達不到的。

運動是對抗老化的利器，美國國務卿蘿絲雖逾五十，由於經常運動，故體態輕盈，予人光鮮亮麗的印象。以往我每天早上、傍晚步行半小時、三刻鐘，無法減輕體重，二〇〇四年九月加入住家附近健身俱樂部，一星期上一堂游泳操，三堂室內課。體重減輕五公斤，外出步行腳步加快。控制飲食，加上適當強度和運動量的持久鍛鍊，兩者相輔相成，每個人負起健康的責任，疾病則不易上身。

與鄰居共餐

千禧年六月中旬，我到住家附近河邊林蔭路遛狗，看到路口擺著禁止車輛通行的標誌。詢問之下才知道當晚河岸居民將舉行鄰居大聚餐。從此每年照例舉行。

我們的好友布拉姆斯一家人住在巴黎，他們夫婦的老家在法國東部村落。平時定期回去，每年夏天一定不會錯過已舉行十四年一年一度的居民聚餐。他們極期待此種聚會，一年中難得與故鄉鄰居促膝長談，尤其有幾家是孩童時期認識的家庭，當時玩伴早已成家立業，雖然各操不同職業，但青梅竹馬情感深厚，大家樂於重逢敘舊。

三十多人的聚餐須事先準備與安排，前一年的聖誕節前幾天大家相聚討論事宜。暑假前一個月再度聚會，詢問每個人的假期後固定聚餐日期，決定菜單、飲料、每個人的費用及各項事宜的負責人。女士們常見面商量開胃菜、主菜、何種青菜、點心的細節。

帳棚是向區公所借的，一位木匠居民製造桌子，烤肉的大盆是以鐵皮桶切半製成。除了帳棚外，烤肉大盆及桌子存放在一位居民家中。烹煮用具及刀叉由參與者提供，盤子及杯子則用紙盤、紙杯。

聚餐通常在週末舉行，由星期六晚上開始，持續到隔天夜晚。若遇到搭橋放假的週末，聚餐日子則更長。大日子來臨之前須在聚餐地點除草、搭帳棚、布置燈光、音響設備，懸掛年度節慶的金色布條。

大家在胡桃木下小啜開胃酒，九點才慢慢開始用餐，有的午夜離席，有的則聊天到清晨四、五點。隔天九點醒來者則一起飲用咖啡開始另一天的聚會。午餐後，午睡、玩滾球戲、年長者追憶往事。

根據「國家統計與經濟研究機構」一項報告：法國鄰居之間極少交談。我在里昂郊區住了十六年，認識左鄰右舍，大家見面皆會打招呼且寒暄幾句。「遠親不如近鄰」，我覺得與鄰居相處融洽極重要。幾個暑假，我曾幫忙餵鳥、澆花、取信。

巴黎第十區的一條小街，從一九九三年起此街居民每年六月底在街上共用餐。

起初是同一棟公寓幾位女友的玩笑，現已變成不可或缺的聚會。當初的組織臨時安排，當今幾近完善地步。

在聚餐一個月前，一位居民以電腦打出聚會通知單，小孩子擔任分發工作。聚餐前一天，幾位居民自動執行禁止停車。當天，公寓看門人員負責清潔街道。住在二樓面對面鄰居則掛上「歡迎光臨」橫跨道路的大布條。男孩子們擺放從附近學校借來的桌椅。樓上廚房飄來菜香味。

中午一到，每家端著一道菜陸續到場。開胃酒、各色各樣的主菜、乳酪、點心擺滿桌。女士們交換食譜、購物、

巴黎的蒙馬特區。

育兒經驗、孩子的學習問題等。幾杯醇酒下肚後，男士們也紛紛展開話題。愛拉小提琴的馬丁先生發現路盡頭住著一位業餘鋼琴家，他們約定下個週末來個二重奏練習。

醫科二年級學生布宜諾對科學感興趣，與鄰座交談中獲悉第耶喜先生訂有多種科學雜誌，他們經過介紹而認識，從此多個知性朋友。一位在此街住了四十年的老先生，邀請搬來不久的一對年輕夫婦到他家窗戶欣賞巴黎美景。

法國西南部大城杜魯斯（Toulouse）一個住宅區，自從十四年以來，夏天天氣晴朗時每隔兩星期的星期六晚上，一百多人在地區廣場聚餐。每家準備一樣菜，有些人則乾脆當場烤香腸。大家戲謔、討論街道上的問題或國際政治。法文、西班牙文、阿拉伯文、葡萄牙文此起彼落。

克勞德・西克荷（Claude Sicre）是位歌手、西南地區吟遊詩人集團的創辦人、詩人、藝術家、杜魯斯城古老地區地方誌的代表人物，在他的一部小說中想像地區居民共餐的情形。在文化中心主持人、朋友與鄰居共餐的贊助下，夢想成為事實。

與鄰居同桌共餐普遍受到歡迎，杜魯斯其他地區的居民群起效尤。大家口耳相傳，加上地方協會的推波助瀾，法國其他城市亦紛紛採納在街道用餐的構想。「讓城市居民形成往昔村落的互助精神」，是巴黎蒙馬特一條商業街發起居民共餐的目的，一九九五年初次舉行時，許多人認為在街道用餐簡直不可思議。三年之後，此街居民夏季五、六次在街上野餐，冬季則在街上一家飯店相聚兩次。

大多數巴黎人皆從省區來巴黎發展，他們需要附屬於一個大家都互相認識的地方。居民聚餐組織者後悔老人對此盛會缺乏興趣，他們寧願孤離自己。不拘形式的街道聚餐，使平常沒機會交談的居民在聚餐後，友誼滋長、較常開口。一位社會學家認為現代職業困難及僵硬的人際關係，促成個人退縮與無法溝通，鄰居共餐可能是對抗此種現象的徵兆。

Part 3× 觀光度假

Les vacances

世界上觀光客最多的國家

法國的服裝、香水、葡萄酒、美食聞名於世。像歐洲諸多國家一樣，它歷史悠久，文化豐盛，名勝古蹟散布全國。法國文學是全世界最著名的文學之一，法國囊括數目最多的諾貝爾文學獎。巴黎是國際會議的世界首都，法國是世界上觀光客最多的國家。

一九九九年七千三百萬名遊客來法國觀光，他們到巴黎地區、蔚藍海岸。由於美元升值，美國遊客大量湧入巴黎。

根據一九九八年在德國、英國、北歐國家一項調查到過法國的觀光客，他們認為法國人不太好客、亦不親切，服務態度有待改善、且傲慢。雖然法國人有這些缺點，但法國風景優美、獨特的文化歷史環境……等王牌，故每年吸引成千上萬的世界遊客。

世上最高（270公尺）的米由（MILLAU）高架橋吸引成千上萬的遊客，促進地方經濟繁榮。

一九九〇年有五千兩百萬名遊客來法國觀光，九年之後增加兩千一百萬名，千禧年則是七千五百萬名，這還不包括停留不到二十四小時的一億遊客呢！其成長率每年漸增。世界上觀光客最多的國家法國居首，其次是美國（千禧年五千三百萬人次）、西班牙（四千八百五十萬人次）、義大利，其他國家則遠瞠其後。與義大利不同的是，來法國的觀光客大多數集中在巴黎地區，前者則有羅馬、威尼斯、翡冷翠、米蘭……等城市吸引遊客。

哪些遊客來法國觀光呢？八成七來自歐洲國家，德國人是主要顧客，依次是英國人、荷蘭人、比利時人、義大利人、西班牙人、瑞士人。歐洲國家以外，美國人與日本人最多。二〇〇一年巴西遊客則增長兩成。

每一國的遊客來法國的目的與舉止行為皆不同。德國人、荷蘭人、英國人喜愛法國夏季的海岸、陽光、鄉間，冬天的滑雪。美國與日本的觀光客則是參觀名勝古蹟。總計六成的遊客去海邊度假，四成則在巴黎地區尋幽訪勝，做歷史、文化巡禮。

外國旅客在法國的停留日數十年內減少一、兩天，旅行社負責人解釋由於價格關係，另外一個原因是外國人像法國人一樣，每年分幾次度假。美國人在法國度假時間最長，約十五天，由於離法國較遠。至於歐洲人，西班牙人停留八天，德國人最長約十一天。日本人像台灣人一樣，團體旅行以在最短的期限參觀最多的名勝、博物館。十天之內以蜻蜓點水、走馬看花方式，觀光歐洲國家首都，在巴黎停留的日數算是較長。

旅館、餐館老闆最明瞭每國的觀光客花錢方式不一樣。荷蘭人最節省。根據一九九八年的數據，在法國居留期間，荷蘭人平均花費一百一十六歐元，德國人兩百零七歐元，英國人兩百七十一歐元，西班牙人三百零五歐元，義大利人一百八十三歐元。最慷慨的顧客依次是瑞士人三千兩百九十歐元，日本人一千兩百七十七歐元，美國人一千五百二十五歐元。美國人、瑞士人生活水準較高，日本人則大量採購。觀光業為法國賺進不少外匯，超過外銷食品或汽車。

國際旅遊業經競爭極激烈，雖然美國、西班牙、義大利的遊客比法國少，卻賺進較多的外匯，這三個國家物價比法國低廉。法國旅遊宣傳在外國做的不夠徹底，八成的觀光勝地不列入外國旅行社的目錄內。

外國遊客最愛去法國何處參觀遊覽呢？根據政府旅遊部的資料，依次是：(1)迪士尼樂園；(2)巴黎聖母院；(3)凡爾賽宮；(4)龐畢度中心；(5)艾菲爾鐵塔；(6)羅浮宮；(7)維樂塔科學城；(8)觀望未來公園（Futuroscope）；(9)聖米契爾山丘；(10)羅亞河古堡。

法國人外語能力表達差是眾人皆知的，法國人亦有自知之明。旅館櫃檯接待員若無法講流利的外語，則難以了解外國遊客，進而提供有效、親切的服務。我們一家人多次旅遊德國，去過一次丹麥、碰到的德國人、丹麥人皆會講英文。法國人不甚禮貌亦為人詬病。

度假習慣

台灣自從開放觀光政策以來，國人出國觀光、度假、遊學與日俱增。台灣是個島國，地窄人稠，人民經濟富裕，一有機會就謀求向外發展（留學、遊學、移民），到國外走一趟已成了家常便飯。世界觀光客最多的法國，其人民是否像台灣一樣愛出國旅遊呢？

「約七成的法國人於夏天出發去度假，大多數是在法國。他們全家驅車去去年到過的地方」。一九九八年首次官方調查，解讀法國人的度假習慣、需要、遐想。法國的經濟及統計學者似乎對度假現象不感興趣，雖然度假消費額超過食物費及汽車工業。「未來規畫委員會」的專家在重重困難下收集、調查法國人的度假習性。

雖然外貌、穿著改變了，防曬膏代替曬陽膏，隨身聽取代收音機，三十多年

來法國人並沒改變度假習慣、生活方式。他們在假期時去陽光普照的地方，與家人相聚、休息。

海邊不可抵抗的魅力，五二%的度假人口選擇海邊，迷戀海邊的人數每年逐漸增加，在山上或鄉下度假的人口則漸減或維持現狀。沙灘及太陽一直受到法國人的垂青，他們最愛到蔚藍海岸、不列顛尼，其次是大西洋海岸、北海岸。

無所事事是度假的主要活動。根據法國旅行社、度假俱樂部、休閒活動負責人的說詞，度假者不希望無所事事：越來越多人從事運動、參與文化活動或觀光。換言之，他們不願在海邊呆呆地曬太陽。事實上則不然，如果不得不從事文化活動及運動，最好是極少量。度假的法國人是個閒逸者，他是無所事事的信徒，有些人甚至在海邊待一整天也不去弄潮、游泳。

法國人喜愛在假期時與家人相聚，許多離婚的父母趁著假期與孩子多相處。面對謀生不易的社會、冷漠的人情，家庭再度成為溫暖的避風港，這是最近幾年的現象。或是去探望家族、朋友。或在海邊看書、幻想、玩紙牌。晚上則看電視。根據多項調查，不到五成的度假者想做任何活動，或開車至五十公里以上的路程去參觀名勝古蹟。

法國人是歐洲人中最不愛出遠門的，他們拒絕去國外旅行，寧願在書本或電視影片中去憧憬。一聽到某些地區有病毒流行或暴力危險，更令他們裹足不前。近二十年，選擇到外國的法國人口幾乎平穩，約占兩成的度假人口，但到國外的法國人，有六成嚮往西班牙、義大利、希臘、葡萄牙的海灘，而不是去觀光。

以往我們一家人的度假習慣是一年在國內，隔年去國外。法國本土幾乎玩過。最近十二年皆去國外，我們喜歡參觀博物館、作家、音樂家的故居。倫敦、布魯塞爾、阿姆斯特丹、佛羅倫斯則是舊地重遊，由於心智進展，人生經驗較豐富，另有一番感受。

認識的法國朋友當中，有兩對夫婦像我們一樣喜愛到國外旅行。其中一對在義大利托斯坎地區與朋友同租一棟別墅，十天期間驅車到附近鄉鎮觀光。他們也同樣與朋友在匈牙利第二大城貝茄斯（Pecs）租屋度假，這對夫婦愛與朋友夫婦一起度假。其他的朋友夫婦在法國境內租兩星期的別墅，或開旅行車夜宿營地，或夜宿旅館在其地區觀光一星期，偶爾去國外。

在國內度假的人口，六成以上前往以前去過的度假地，由於經濟原因，他們去朋友家或親戚家（占四成的度假人口），或去父母家。鄉間別墅、或去他們熟悉的旅館、露營地、及租房。離國遠遊不是法國人度假的動機，他們不喜歡冒險、花太多錢、太勞力費神的旅行。

一對朋友夫婦不僅沒出國旅遊過，連法國本土亦沒涉足，他們住在巴黎，這位太太說巴黎什麼都有，先生不喜歡參觀博物館。巴黎固然是個有趣的城市，但它不是世界中心。他們遠行皆是去朋友家或同事家，怕花錢住旅館，在飯店用膳。每逢學校假期或暑假皆固定回鄉下老家（父母遺留下）。

大多數於七、八月去度假，這是法國獨特的現象，世界無任何國家如此。雖然旅館業主及濱海餐廳老闆花盡心思以折扣招徠六月、九月的顧客，但不奏效，甚至沒有學齡孩子的法國人亦不為所動。法國的社會組織與學校假期，使上班族的父母選擇七月或八月與孩子一起度假。一般人度假約十八天至二十天，意味一年當中會再去度假幾天，此趨勢越來越普遍。

健康、大自然、舒適、孩子的幸福是法國人度假的宗旨，在鄉間別墅草坪上一家人共同曬太陽，似乎就可滿足法國人的度假欲望。

在海邊曬太陽真愜意

千禧年夏天，一千九百萬的法國人到海邊度假，雖然到鄉間旅舍度假流行過，但五成的度假人口無法抗拒大海、沙灘、陽光的吸引力。

法國人在夏天一窩蜂湧向海濱，是最近五十年逐漸形成的現象。長久以來，大海只是度假休息的場所，人們並不游泳、泡水。由於健康問題，十九世紀時醫生建議泡海水浴。接著社會的演變進展，大海激起一股魅力。現代工業社會帶來的緊張生活，大海具有另外一種涵義，它是一個乾淨、愉快、忘掉日常煩惱、舒展身心的地方。在海中漂浮、夢想令人有無事一身輕的自由感覺。

大海沒什麼景致、歷史、文化，它代表處女地，象徵一望無際的空無，與複雜的社會形成強烈對比。海濱沒什麼樹木、房屋、道路、丘陵、居民，由於人們侵占沙灘，海岸才變得生氣勃勃。它像是一片舒適的沙漠，向人們展臂歡迎的魯賓遜漂流記之荒島。

社會學家紛紛為法國人眷戀大海的度假現象著書立說。國家科學研究中心研究員兼社會學教授尚—第迪耶‧雨本（Jean-Didier Urbain），解釋海濱的社會：人們尋求一個地盤，形成一個團體，與其他團體的關係。度假者毫無拘束地再度組合其社團。海濱雖然像都市一樣人口稠密呈飽和狀態，但很少有衝突。這是一個快樂、節慶的社會，大家和樂相處的度假心情避免了紛爭。海邊的生活哲學是同意分享空間。

在海濱度假的人喜歡把皮膚曬成古銅色，根據雨本教授，改變膚色即放棄日常生活諸多社會束縛的外貌，選擇一種不同、自由的膚色。曬太陽是再生的象徵。往昔僵硬、守成規的社會，膚色黯黑是農夫、做粗工工人的特色，資產階級的膚色應該是白皙，現在的價值觀改變了。

安置遮陽傘、大條浴巾，意味劃定界線。遮陽傘下的陰影是其地盤，家人在那兒團聚、玩耍。法國女人身體上空曬太陽是從一九六八年開始，上身赤裸否定社會禁忌，面對社會進化困難的態度，與諸多束縛的社會斷絕關係。它不只是一種現

法國人喜愛到海濱曬太陽、休息泡水。

象、色情因素，其意義深遠。拒絕習俗，遠離日常的社會生活，尋求某種自由。唯有在海邊人們才能採取此種自由。

法國眾多海岸中，千禧年蔚藍海岸度假人數最多，占十八%。其聲名遠近馳名，雖然交通阻塞、旅館飯店服務品質不是極佳，聲譽被高估，法國和外國人還是趨之若鶩。蔚藍海岸是獨特的例子，從摩納哥到聖多佩茲（Saint-Tropez）六十公里海岸，其營業額占世界觀光業的一%，全球覓不著可相比擬的情況。

到海濱度假者大多數把海濱當作家庭空間，有兩、三個孩子的家庭占多數。年紀不逾五十歲的顧客占六成五。二十五歲至五十歲年齡階層的人最愛到海濱度假。年紀超過六十五歲及十五歲到二十四歲之間（大學生例外），較不選擇海岸。

在海岸度假的人口，五成五來自大都市，巴黎市區就占兩成三，鄉村占兩成，小城市才占一成四。到海濱度假者住在什麼地方呢?兩成三擁有別墅、公寓或套房。三成住在親戚家或朋友家，兩成選擇露營及旅行掛車（Caravane）。租公寓或房子占一成六，住旅館的人不到五%。露營及旅行掛車的發展不僅僅是經濟原因，七、八月的氣候使度假者能採用這種居住方式。

大眾階級及上等階級的法國人喜愛到海邊度假，至於中等階級則選擇到鄉下別墅。從五十年代末期起，法國人的度假現象逐漸民主化，許多城市沿著海岸地區而建，海岸都市化允許容納大量的度假者，尤其是大眾階層。此階層的法國人受到現代文明、生活方式衝擊的不適後果，在海邊享受過自由度假之樂趣後，自然而然每年一定回去海濱度假。

經濟富裕階層長久以來就選擇在海岸度假，他們與大眾階層去不同的海岸，前者前往蔚藍海岸、法國西南部與西班牙鄰界、不列顛尼南部、科西嘉島南部、波爾多城等海岸。

至於中等階級亦愛去海岸，不過他們與鄉間的關係密切。「三十光榮年代」（一九四五～一九七五）法國經濟漸漸發達，七五年之後不少中產階級收入增加，他們在鄉間、城市遠郊買別墅，或把繼承的家庭房子整修成別墅。度假時期他們去鄉間別墅休息，而較少去海邊。

往昔，從海邊度假回來的法國人，無法坦白承認他們只是休息，於是杜撰郊遊、做運動、參觀名勝古蹟、博物館等活動，否則會被視為「只是呆呆地曬太陽」。現在則是沒此種顧忌。根據一項調查「海邊度假的主要活動」，九成的人回答休息、無所事事。因他們想當自己時間的主人。

法國人已不在乎「不要呆呆地曬太陽」這個著名的口頭禪。面對階級層次分明的社會、工作壓力，在海邊曬太陽已成了法國人的一種生活方式。

鄉間生活情趣多

空氣污染、生活緊張、塞車、噪音、房租昂貴、住所狹窄，越來越多的法國人離開城市，選擇到鄉下定居。

巴黎是個歷史悠久的美麗城市，它亦是世界觀光客最多的首都。巴黎人是否滿意他們的生活環境呢？

自從一九八〇年以來，越來越多的巴黎人嚮往鄉間新鮮的空氣、寧靜的環境、鳥鳴蟲聲、親近大自然、廣闊的居住空間、花園洋房、緩和的生活步驟。他們受不了街道上的狗糞、郊區的不安全感、擠沙丁魚的地鐵、大城市的孤寂、亂塗在牆上的圖畫或題詞。

根據一九九〇年的人口調查，巴黎在八年內人口減少三萬，此趨勢逐漸加強。醫生、商人、律師、高級主管，誰沒夢想過有一天能遠離首都令人難以忍受的緊張生活。

「我再也無法撐下去！」「我在這個瘋人住的城市幹什麼！」一般的巴黎人選擇在近郊或遠郊居住。九〇年代初期，近郊人口增加八萬五千人，遠郊則是十六萬。

世界速度最快的子彈列車通行以來，從一九八一年起，里昂到巴黎僅兩小時的車程。一九八九年通行至不列顛尼。九〇年則到波爾多地區。九三年里耳到巴黎僅一小時二十五分。故不少巴黎人紛紛搬到省區的城市居住。

克利斯提安四十七歲，是《費加洛日報》經濟版的主編。受不了巴黎郊區火車的擁擠，決定把家遷到巴黎西南部子彈列車經過的一個小城。他與妻子購買一棟有六個房間的房子。妻子是自由撰稿的記者，電話與傳真是她的職業工具。雖然克利斯提安每個月需花費一筆可觀的交通費，但比起巴黎大房子的貴房租，還是值得。且子彈列車車廂像活動辦公室，他可專心工作。他是快樂的通勤者。

瑪莉是巴黎一棟公寓管理員，一家四口擠在小小的公寓裡。不高的薪水付完房租、水電費後所剩無幾。兒子六歲就患了嚴重的氣喘。一個週末一家人去聖德田

（Saint-Etienne）探望弟弟，兒子竟然沒咳嗽。巴黎污染的空氣及緊張的生活，與省區的優點相較之下，她毫不猶豫就辭職了。在聖德田租了雙層公寓，她想當水電技工的丈夫找工作應該沒問題。

娜坦麗在巴黎一家著名的服裝店當過服裝設計師、公關負責人。三年之內，她學了不少東西，工作極賣力，但付出太高的代價，早出晚歸，私生活受到影響。薪水亦低。她喜歡巴黎的時髦生活，對於去鄉下住不感興趣。雖然完全奉獻自己在工作崗位上，卻沒人感激她。現在過的是十八歲時夢想現代女性活躍的生活，但不是很快樂。

鄉居意味自然、清靜、悠閒。

八〇年代末期，她的母親到巴黎南部六百公里一個村落開房地產交易所。娜坦麗起初只是在假期時幫忙，但她漸漸受不了巴黎的日子，趁著公司總結算時辭職。兩年之後她珍惜風景優美、人性善良、互助的鄉下生活。在房地產交易所可碰到各種階層的人。冬天來臨時，業務較不緊迫，人們有時間品嘗各種東西、經驗各種事情。

安端出生於巴黎一個經濟不錯的家庭，他求學順利，畢業於巴黎政治學院。年紀才二十六歲，已在一家公司當了三年的顧問，薪水優渥，不必擔憂前途，他擁有一切令人快樂的條件。但他並不快樂，名片上令人羨慕的頭銜，並未使他覺得其前途是在公司裡。他看到不少周遭朋友的父親，年過五十而被公司裁員，心想有一天自己是否會遭到同樣的命運。

一個天氣晴朗的日子，他打點行李到父親的故鄉勃根第，選擇在朝聖地維哲雷（Vézelay）落腳。向親戚朋友借錢、銀行貸款，於一九九三年八月中旬，在大教堂附近開了一加以脆皮餅（Crêpe）作為招牌的飯店。他高興在這裡找到他所需要的：接近上帝與在鄉下過日子，認為此地的人際關係較真切、生活較富色彩。

兩年之後他的小弟亦放棄巴黎的高薪高職，來哥哥的飯店當合夥人。弟弟覺得巴黎的生活一成不變，沒時間享受大都市的益處。在小鄉鎮可遇見各色各樣有趣的人，他喜歡鄉間的樂趣，想逃避鋼筋水泥摩天大廈。

往昔貧困的鄉間生活使鄉下人湧入城市求職、就業，此種人口外流現象止於七五年代。當今趨勢倒轉，代表社會進展改變鄉居概念。二十一世紀初期，法國鄉下人口超過六〇年代。十年以來即使最偏僻地區，鄉間人口呈平穩。純粹的鄉下生活方式已不存在。

通常年輕人喜愛在大都市上學、就業。但一旦找到伴侶，尤其小孩出生後，市中心的房租或房價太貴、雙薪家庭及失業威脅、夫婦工作地點離家遠……等因素，加強往鄉下移居的傾向。

退休人士想尋求寧靜的生活，工人或普通職員想購屋的欲望，高級主管或自由業者想追求舒適的生活。他們遠離都市，回到故鄉或遷移到鄉下，買下花園洋房或整修舊農舍。雖然他們選擇在鄉下，但不是窮鄉僻壤，通常離最近城市的距離不超過四十公里。根據法國國家統計與經濟研究機構（INSEE）的一項人口調查，一九八二年至一九九〇年，已有兩百二十萬人到鄉下居住。他們住在有現代化設備的鄉下，享受鄉居的環境，但保留都市舒適的生活方式。他們到城市工作，到商業中心採購。

到窮鄉僻壤定居的人也有，不過這是少數現象。這些人不僅改變了生活環境，通常也換了職業。他們並非一時衝動而放棄城市的生活，而是深思熟慮之後才採取行動。他們並不與文明脫節。

往昔，鄉下意味勞苦的工作、壓抑。當今則是優美、清靜、健康、自由、互助、平等的同義字。雖然有三成五的都市人較喜歡住在鄉下，但三成要

越來越多的法國人選擇親近大自然，到鄉下定居。

住在離都市不遠的鄉下，而不願過著與世隔絕的隱居生活。

是否到鄉下定居的都市人皆滿意其新生活呢？適應新環境需要時間與耐心。米契爾失業後到一個村落開一家小飯店，他研究市場趨勢、當地人口味。想像小飯店令人有親切感，隨意點菜，菜就上桌。但一年之後他失望了。他想節慶日、畫展、音樂會時，讓村人有機會聚餐。但鄉村人很少外出，不太信任外來者。

另外一個障礙，就是感到無聊。安妮克在巴黎過了十八年的日子後，決定關閉餐館回到故鄉不列顛尼過安逸的生活。人生除了工作與金錢之外尚有其他東西。她與家人重聚、接觸大海。和一位朋友合資買了一條釣魚船。起初一切皆新鮮好奇，但連續幾個冬天暴風雨不斷，房子費用開銷使銀行存款下跌。

有一天病倒在床，她回憶回到故鄉是件快樂的事，釣魚有羅曼蒂克的氣氛。起初想去寫作、收集藥草，但這裡冬天五點就天黑，家家門窗緊閉，只能聽到波浪衝擊聲，她開始後悔巴黎時常外出的日子。不列顛尼陰雨綿綿的天氣，沮喪感油然而生。一年半之後，決定每兩個月去一次巴黎，沉浸在大都會活躍、緊湊的步調。

費迪南與伊荷娜夫婦是我們的朋友。九〇年代中期在里昂租公寓居住時，在車程一個半小時的鄉下廉價買下一棟陳舊的農舍。整整一年，每個週末夫妻驅車去清理、整修，大工程則請建築公司來做。一年半之後，伊荷娜極興奮住進夢寐以求三百平方公尺的大房子，她的「綠拇指」可在庭園盡情發揮。

千禧年時費迪南到巴黎工作，週末才回來。伊荷娜平時在家作畫、研究、嘗試各種食譜、作園藝工作。每星期上里昂探望母親，與女兒一起上餐館，到圖書館借書、還書。一年上兩次巴黎住上十來日，看畫展、逛畫廊。他們的鄉間別墅方圓近鄰在一公里左右，商店在四公里外。我問伊荷娜平時不感到孤寂嗎？她莞爾而笑：「習慣一個人的生活，喜愛離群索居，清新的空氣、寧靜的環境，與大自然為伴。」

可在鄉下過著城市般的生活，此種感覺使鄉間深具魅力。子彈列車、高速公路、飛機場、行動電話、電子郵件……等，交通及溝通工具之發達，生活水準提高。城市與鄉下的區別沒什麼意義，界線不太明顯，距離縮短。當今九成的法國人可在二十分車程內享用日程生活所需的一切服務。鄉居者需到城市工作、消費、娛樂。鄉下較佳的生活品質及悠閒環境，使他們有舒適的幸福感。

和法國相比擬，英國是個多霧、多雨、陰冷、陽光吝惜露面的國度。一九八七年我們闔家去英國北部及蘇格蘭旅遊，我帶去的薄外套不夠禦冷，故買了一件純毛毛衣。次年去英國南方及西部威爾斯地區，有好幾天碰到溼冷的氣候，外套、雨傘不離身，像法國十一月的天氣。我告訴外子，夏天就已是如此天氣，可想像冬天是如何寒風冷峭、刺骨。

往昔英國人可到海外殖民地享受日光浴，最近十幾年，越來越多的英國人被法國的陽光、房價、美食佳餚吸引，他們在西南部貝希高爾（Perigord）地區購屋置產。買的是鄉下房子，有的是須動工整修的舊農舍。法國物價、房價比英國便宜，英國人在此住的是鄉間別墅，不是公寓，享受免費、充分的陽光及法國的「生活藝術」（la douceur de vivre），何樂而不為？目前約五十萬名英國人在法國定居。

有的是攜家帶眷、改變職業，來法國過一種嶄新的生活，有的是退休後來養老。他們並不畏懼重新適應環境、語言不便的困境。

黛樂斯在倫敦有一個不錯的職位，離婚後來法國散心，鍾情於法國的鄉居生活。沒丈夫、孩子的牽掛，決定放棄倫敦大都會的快步調生活方式、薪水，告別親朋。她買下一棟農舍及一大片土地，學習種葡萄、釀酒；口耳相傳，其酒在鄰近省區小有名氣，銷路不錯。來法定居已屆十二年，回顧當初落腳、一路走過的艱辛路程，到現在怡然自得，慶幸當時果敢、正確的抉擇是今日快樂的泉源。邁入中年的她在異地開花結果。

為了應付與日俱增的英國顧客，貝希高爾有些房地產仲介公司聘用英文流利的職員。每天有一班黎莫茲（Limoges）直飛倫敦的班機，方便了不少英國顧客省去轉機的麻煩。一些鄉鎮有英國人開設的英國店、英文地方報紙。移植的英國人並不封閉在其小社圈，他們融入當地生活，參加社會活動，與法國人打成一片，互動良好。

歷代英法兩國是世仇。一三六〇年的條約，英國擁有三分之一法國領土，占領法國中西部、西南部；英法百年戰爭期間（一二九四～一四五三），英國人在法國長期居留。殊不知六世紀半之後，沿襲先祖的慣例，但異於既往，現代的英國人以和平的方式、溫柔的手段再度進駐法國，且打算在此度過餘生呢！

住在古堡不是夢

一九九七年吉樂過完四十歲生日後，這位住在巴黎地區的醫生，決定與當教師的女友，在不列顛尼十五世紀古堡過另外一種生活。當初他們購買這座待整修的古堡時，失望、猶豫過一陣子，接著分期付款使財源幾乎枯竭。五年之後古堡適於居住，吉樂再度開業，女友經營管理當做鄉間旅館的幾間客房。雖然有些人不了解他們做這樣的犧牲，也嫉妒其夢想實現。他們可真正過著城堡主人的生活。

法國境內擁有四萬座城堡、莊園，破世界紀錄。每年約三百至五百座城堡更換主人。購買一座可居住的城堡，價格約在四十六萬至一千兩百五十萬歐元間。十年以來，法國人對具有歷史價值的住宅感興趣。越來越多城市居民選擇遠離城市的喧囂。子彈列車、手機、電腦使人不覺得遠離文明，大都市房價昂貴是令人想轉移陣地的原因。

離巴黎約三小時的車程，在任何地方皆可尋得價值約三百萬法郎（不到五十萬歐元）的古堡。當然不是大古堡，此價格相當於大都市一個寬敞的公寓。英國人尤其對此價格感興趣，倫敦一棟公寓平均市價約二十八萬歐元。若古堡價格不超過七十七萬歐元（約五百萬法郎），買主大部分是法國人，若超過此數字，買主八成是外國人。

在大家趨之若鶩的情況下，當然價格會隨之上漲，但若肯花時間去找，還是可發現價格合理的古堡。今日的價錢過幾年總是會再漲，故想購買就勿遲疑。位於法國中部偏遠地帶價格最便宜，巴黎西部則較貴。

除了古堡所處地帶外，面積亦影響價格，不超過六百平方公尺為買主的最愛。除了是理想的居住空間，也需考慮維修費用，古堡建造年代亦是決定售價因素。十七、十八世紀的建築最受人垂青，外觀壯麗，住起來很舒適。十五年紀的古堡內部嫌陰暗，也較不精緻。至於數量最多的十九世紀建築，買主卻最少。

古堡附近的環境越來越影響其價格。買主預防未來會興建住宅區、公路或養豬場，而想保留「足夠的安全地帶」，十公頃左右似乎是理想空間，維修費亦算合理。

一座古堡的價格不只是購買價格，尤其是整修龐大的費用常超出預算。夏皮耶家庭從七〇年代以來，把時間奉獻在整修歷史古堡文物。當今，其中一位三十二歲的壯丁已開始動手重建一座幾乎處於廢墟狀況的中古世紀古堡，這是家族最近購買的。這位體育老師放棄教職，當起全職的整修古堡工人，拔除常春藤，開墾周遭的荒地。當時一千兩百名鑿石工人、八百名泥水匠共同建造這座十二世紀的古堡。

凡是被列入歷史古蹟的古堡，可享有地方政府文化部門的補助金，金額為整個工程費用之半。事實上，補助金並非那麼容易獲得，整修工程需按照歷史古蹟管理機構的規則。雖然可自由選擇哪家建築公司，但規定需選擇歷史古蹟管理機構同意的建築公司，其收費比一般建築公司貴二、三成，且需獲得管理機構許可才可開工，故有雙重限制。

吉樂與女友等不及補助金下來，於是親自動工，因此失去國家補助機會。另外一個煩惱是找不到具有適當藝術眼光的工人。在建築界有技能的工人越來越少，工程時常有缺陷或不合格。要喜歡做勞力工作或有足夠財富聘請技工，尤其是古堡或莊園沒一定建築規格可循，工程更貴。

肯賣力做粗工，購買、整修、居住古堡不是夢。

城堡主人有時會覺得工程永遠做不完，很難接受住在工地的困擾。要使古堡具有現代化舒適的設備：衛浴、暖氣、電器及隔音等，需再附加一筆可觀的開銷。新城堡主人時常運用的解決之道是把城堡一部分當作鄉間旅館。根據一位專門賣法國古堡的經紀人，有不少買主附帶可開闢鄉間旅館的可能性，也有一些因經營不善而急於脫手的賣主。

開鄉間旅館需花不少心血，但營利不多。最重要的是讓歷史古蹟展現生機及發揮自己的興趣。

城堡主人的日子不永遠是城堡式的生活，雖然五年之後約兩成的城堡再度易主，但很少城堡主人後悔當初的抉擇，兼鄉間旅館的承認錢賺不了多少，卻有機會接觸各式各樣的人，是不可多得的人生經驗。

「我並不覺得是城堡主人，但認為屬於它歷史的一部分，與歷代主人相關聯。」「有些人愛環遊世界，我們做另一種抉擇，這是生命中一種大奇遇。」「我們從未想靠整修歷史古蹟來過活，但它變成我們生活的目標！」這是幾位城堡主人吐露的心聲。

Part 4× 社會現象

Les phénomènes sociaux

課稅重重不勝負荷

我們一家人數次美國旅遊、探親，每次皆會買衣服、鞋子、CD及書。美國物價比西歐便宜，一般餐館和法國相比，使人有物美價廉的感覺。中國餐廳的茶、米飯大多數是免費。一九九六年夏天住在美東的二姊與女兒來法觀光，我帶她們到里昂的一個大型商業中心逛逛，結果她們沒買什麼，因商品皆比美國昂貴。

在法國，衣服、鞋子、餐廳的附加稅（TVA）是十九・六%。二〇〇一年二月底數千名飯店老闆、雇員在巴黎示威遊行，他們要求政府把十九・六%的附加稅降至與速食店及外帶店一樣的五・五%。他們強調降低附加稅，相對減輕餐食費，將吸引更多顧客，餐廳可雇用較多人員，換句話說較有競爭力。政府對他們的請求無動於衷。

席哈克二〇〇二年競選總統時，允諾餐館的附加稅將降至五・五%，二〇〇六年元月由於德國反對（德國反而想在國內提高稅率），受到歐盟的約束，法國無法單獨施行。餐廳老闆揚言繼續奮鬥、爭取。

法國的汽油價格幾乎是美國的三倍，光是各種稅就占八〇%。擁有汽車的法國人就像一頭可隨時榨取的乳牛：考駕照需付印花稅，購買汽車、汽車保險、維修皆須付十九・六%的附加稅，在高速公路行駛時需繳通行稅（最初設立的目標是償還建築道路的費用，是暫時性的）。汽油隨時在漲價，我難以記清價格。千禧年九月像歷年一樣汽油漲價了，但此次漲得太厲害，全國各地的卡車司機，聚集在高速公路設障礙物，阻止通行以示抗議。

日常生活的電話費、電及瓦斯費（同一公司）的附加稅亦是十九・六%。一年需維修一次的煙囪及燃油鍋爐的附加稅是十九・六%，一九九九年九月中旬才降至五・五%，房子維修或改造亦受惠此低稅率。

二〇〇六年元月歐盟在布魯塞爾討論各會員國實施五・五%附加稅的項目。法國建築公司或小型的泥水匠、木匠、電氣、燃熱爐、衛浴設備……等私人企業公司，擔憂一旦附加稅恢復以往的十九・六%，不僅訂單減少，營業額會降低，還須解雇技工。幸虧會議通過此稅率維持至二〇〇七年年底，有關行業老闆緊繃數星期的臉孔，才展露笑容。

千禧年四月法國謠傳模特兒蕾蒂夏・卡斯塔（Laetitia Casta）將在倫敦購買公寓定居，以她的容貌鑄成象徵法國共和、自由、民主的石膏像（Marianna），她成了舉世聞名的模特兒。雖然她否認在倫敦置產定居的計畫，但高收入的演員、模特兒、企業家、運動明星紛紛移居到摩納哥、瑞士、英國、比利時。法國對高收入課重稅的問題，再度成為新聞焦點。

六千三百萬人口的法國，其中半數的家庭不須付所得稅。最高的課稅率是五四％，英國是四〇％，德國政府於千禧年春天從五二％降至四一％。

經濟學家莫利（René Maury）在《所得稅》一書中指出，法國半數須付所得稅的家庭，其所得稅僅占四％，二成收入高的付稅者其所得稅則占八〇％。作者繼續說明所得稅主要扣繳高薪的主管、中小企業老闆及自由業，至於真正的富翁早已想盡辦法把財產、資金送到國外。法國諾貝爾經濟獎得主莫里斯・亞雷（Maurice Allais）亦觀察道：「法國的所得稅制度是依照累進率，它阻止窮人由其工作及才能而致富，因一旦其薪水提升至某一水準，累進稅縮減他們想儲蓄的錢財。」

除了所得稅外，法國薪水階級亦須付「普遍貢獻社會稅」（Contribution Sociale Généralisée，簡稱CSG）、「償還社會債務稅」（Remboursement des dettes sociales，簡稱RDS）及「貢獻社會團結稅」（Contribution Généralisée）等三種稅。這相當於再度繳納所得稅，英國沒此種稅。財產超過七十四萬歐元的法國人須付財產稅，除了芬蘭、瑞典、荷蘭、法國、西班牙外，其他歐洲國家皆沒財產稅，而法國的稅率幾乎是最高的。

法國的汽油價格光是各種稅就占80％。

至於企業家公司雇用人員需繳納的社會保險支出，法國稅率之高居歐洲諸國亞軍，僅次於比利時，英國稅率最低。例如雇用一位年薪十三萬七百二十歐元的主管，法國的公司需繳納五十五萬八千五百七十歐元的社會保險，英國的公司僅付二十四萬一千四百八十歐元的社會保險。故在法國公司雇用人員較英國困難且昂貴。

公司企業易主或家族繼承，英國免稅，法國則課重稅，例如一家資本一千五百二十四萬歐元的公司，兒子要繼承父業需繳資金三八・六九%。許多企業因無法負擔繼承稅而宣告倒閉，不少人因而失業。千禧年電視報導一位已屆退休年齡膝下無子一家小型公司老闆，結識一位充滿幹勁、失業的三十五歲小伙子，他想把他的公司贈與後者，但這位身無分文的失業者無法付轉移稅，故計畫泡湯。

法國是個民主國家，但其沒收充公的課稅制度像社會主義的國家。國家花掉龐大的經費，公務員人數眾多居歐洲之冠（五百二十萬名），法國教育部雇用一百四十一萬名教職員，是歐洲最大的雇主。

左派政府於二〇〇一年宣布至二〇〇三年將改革稅制，減少稅金，法國人不太相信。根據千禧年十月中旬一項民意調查：六成三的法國人認為法國比其他歐洲鄰國課稅較重。

聯合國歐洲司經濟委員會（CEE/ONU）於千禧年四月發表一篇報告：歐洲人（指西歐）的生活水準比美國人低三三％，五〇年代則低於五〇％以上，差距慢慢、但定期地拉近。直至九〇年代初期，美國經濟快速發展，差距再度拉大。

「效法歐洲鄰國的稅制刻不容緩」、「重稅讓法國窒息」、「法國稅制的弊病」，書寫媒體時時激起稅改、減輕稅率之聲。課稅降低、家庭所得增加促進消費，企業雇用更多人員，可減少失業，對整個社會經濟將有裨益，法國左右派當政者卻遲遲不敢進行大刀闊斧的稅改政策。

我愛服鎮定劑、安眠藥與百憂解

憂鬱症（la Dépression）真的是二十世紀的疾病？數十年醫學之新發明與製藥工業的哄價，使沮喪、焦慮、煩惱與嚴重的心理障礙相混淆。

十一％法國人經常服用治療精神的藥，比英國人和德國人多服三倍的藥量，比義大利人多服兩倍。法國每年銷售八千五百萬盒鎮定劑、六千七百萬盒安眠藥、兩千兩百萬盒抗憂鬱的藥。抗憂鬱的藥逐年增加，千禧年幾乎達到五千萬盒。由於新藥的問世，每年的服藥量增加五・六％。千禧年至二〇〇一年則增加六％。法國人是「追求幸福藥劑」金牌獎得主。

為何那麼多法國人服用治療精神的藥呢？他們是否比其他歐洲人更容易緊張、更脆弱？不是的！只是個人主義盛行的法國人較無法忍受心靈痛苦，一有病痛就去找醫生，而且法國有很多醫生。

現代社會衍生諸多個人的不適、焦慮，而無法正常過日子。通常一位內科醫生只花十五分鐘看病人、解決問題，他很容易開個處方就了事，而不細心聆聽病人的心事。

歐洲其他國家醫療制度、文化習慣與法國不同。英國人要找精神科醫生較困難、複雜，德國人以藥草治療心理病痛，美國人則躺在沙發椅上作心靈分析。長期服用治療心靈的藥會改變心情，且造成依賴性。「協助藥品意外事故犧牲者協會」會長甚至談到「致命的處方」，他對鎮定劑發動戰爭。不完全對症下藥的處方，助長自殺傾向及暴力行為。

精神科醫生兼醫藥心理學教授查喜輝昂（Pr E. Zarifian）受衛生署之託，在〈精神病藥品的處方與使用〉一篇洋洋大觀的報告中指出，製藥工業為牟利，不惜向精神醫學教授、醫生、醫務人員鼓吹，在醫學雜誌刊登廣告，大力推薦新上市的藥品。過於商業化的醫學，無法針對人們的焦慮、不適的生存對症下藥。開最多處方的內科醫生（**médecin généraliste**），沒時間聆聽病患失眠、沮喪的起因。查喜輝昂教授遺憾內科醫生缺乏精神醫學方面的訓練，他們實習時沒面對過真正得了憂鬱症的病人。

為了賺錢，有些醫生草率看病人，在短時間內開很多處方誘惑力極大，尤其最近幾年副作用較少的新藥品陸續上市。受到藥品宣傳的影響及諸多團體的壓力，醫生認為病人容易接受所有治療精神疾病的藥，因他們不抱怨口乾舌燥、體重增加、便祕等，而以為沒有其他的副作用。

不少使用者抱怨情緒變化無常、思路不清晰、記憶力減退、一種不在乎的奇怪感覺。長期服藥會產生怎樣的效果？尤其是心理變化如何影響個人的行為舉止，到目前為止，法國並無藥品監

法國人是「追求幸福藥劑」金牌獎得主。

視，長期治療的後果將是不堪想像。

雖然從一九九〇年起，關於鎮定劑與安眠藥的處方有較嚴格的限制，前者不超過三個月，後者一個月。但此規定不常被遵守，例如超過限制期，醫生可再度開處方。病人通常忽略鎮定劑副作用的危險。藥品消除一般人的抑制作用、加強侵略性，自殺及凶殺可能是衍生的後果之一。某些鎮定劑與安眠藥在英國被禁止銷售，「英國病患協會」強力對抗其反效果。法國還未做到此種地步。

以前遛狗認識了八十歲的海倫。後來我外出購物、散步、到露天市場時，偶爾會與她相遇。多次與她話家常，獲悉她患有長期的焦慮症，她時常呼吸困難、胸部有壓迫感。她說去過醫院住院徹底檢查心臟、肺臟，一切正常。她告訴我八〇年代初期兒子與家人同往非洲就職，她亦退休與小叔夫婦同住上、下樓，倍感心理壓力，開始服鎮定劑。

必須有醫生處方才能購買的鎮定劑，使用期間不能逾三個月，但醫生常禁不住病人的要求而延續處方。雖然海倫的兒子一家人只在非洲住了兩年，與小叔夫婦不方便、不甚愉快的近鄰經驗，持續二十三年後方告結束，一個人獨居已屆四年的她還繼續服用少量的鎮定劑。

根據世界衛生組織，憂鬱症成為公共衛生重要的課題，三分之一以上的世界人口曾患過，它是世界性的災害。法國的自殺人數漸增，每年超過一萬兩千名。近三十年來，患憂鬱症的人口遞增十五倍。根據衛生經濟研究與資料中心最近的估計，七〇年代占三%的人口，千禧年則達到十五%。

憂鬱症已成為二十世紀末期的病痛，不僅精神科醫生、心理治療師感興趣，歷史學家、社會學家亦十分關注。精神病原學家認為它源自戰後大變遷而產生的病態：地理上及社會的流動性、

家庭結構變化等因素。

十六世紀，沮喪、憂鬱是天才、雅士的疾病，他們具有強烈的自我意識。二十世紀的民主，人類逐漸喪失精神導師，人們自尋指標，因每個人有權選擇其生活方式，每個人是其命運的主宰，此種新情況伴隨身分危機、不安全感、空虛、脆弱。一切皆須靠自己，因而造成新的內在衝突、撕裂。憂鬱症是以個人自動自發精神為出發點的社會之反面。在可能與不可能之間的困境造成無能的人，他因須成為自我而感到疲乏無勁。

十九世紀末，憂鬱症成為醫學用語，它指嚴重的精神障礙。當今，意志消沉、情緒不穩、活得不快樂統統稱為憂鬱症。銷售極佳的百憂解（Prozac）廣泛被用於治療周期性悲傷、焦慮、哀慟、分手與離婚、衝突的情況、飲食錯亂、心灰意冷等。有些醫生甚至用來治療社會恐懼症及害羞症。

藥品實驗室明白憂鬱症帶來的潛在市場，心靈痛苦成為製藥工業的金雞蛋。醫藥發達滿足人們渴望神奇藥丸的需要，二十一世紀的人類相信其能夠抑阻心靈的創痛。

駕照不是殺人執照

世界人權宣言其中一則：「每個人皆有權享有生存、自由及人身的安全」，它在法國道路上無法生效。法國每年約有一萬人死於車禍，重傷及終生殘廢者更不計其數。最近幾年雖然降至八千名左右，比起歐洲其他國家，法國的傷亡人數還是處於紅燈狀況，像是一場內戰的犧牲者。

車禍的主因是超速及酗酒。在一個以美酒佳餚聞名於世的國家，如何有效地對抗酗酒現象。在一個汽車工業興盛、汽車出口占世界第三位國家，如何使駕駛人不超速。交通最發達，占了歐洲共同市場四〇％的道路，法國無足夠的交通警察在將近一百萬公里的道路上執行任務。

拉丁民族的法國人，不像德國人、瑞士人、北歐民族那樣守規。義大利人更糟，一九九四、九五年兩年夏季，我們一家人開車去義大利旅行，在米蘭、杜林諾

（Torino）看到有些人闖紅燈。到了羅馬、那不勒斯，更多人不視紅燈的存在，或把它當成裝飾品。在義大利開車需很謹慎，但義大利人已習以為常。

汽車是去上班、辦事、購物、旅遊……等方便的交通工具，它亦象徵自由、樂趣，但落在不遵守交通規則、酗酒、侵略性較強的駕駛人手中，它成了殺人的工具。車禍肇事者通常罰款不高，判刑亦輕。一般殺人犯常被判處重刑，但汽車殺人犯則是從輕發落，他犯的是「極平常的謀殺罪」。

年輕人愛開快車，他們認為有了駕照開車沒問題，無危險的概念。他們車禍的死亡率是一位有經驗駕駛者的六倍。一九九九年，一萬八千名十八歲至二十五歲因酒醉開車被判刑，一千五百名車禍喪生，五千一百三十名重傷，兩萬兩千六百名輕傷。四月、五月三、四天的搭橋假期尤其致命，他們到夜總會跳舞、喝酒，或到飯店、咖啡館飲酒作樂。

這種階層的年齡，二六%的死亡、八五%的車禍皆發生在週末的晚上，原因是超速五成七、醉酒三成六、及吸毒、未繫安全帶、疲倦、注意力分散、路彎等等。

兒子一位女同學二〇〇五年二月底一個週末晚上，與妹妹和幾位朋友去里昂郊外一家夜總會跳舞，回途時車子電池沒電，車子停在高速公路緊急停車帶（Bande d'arrêt d'urgence）等著拖車，不料一位愛睏的駕駛者，竟然往目標明顯的白色車子衝撞，在後座的同學妹妹受到強烈撞擊，陷入昏迷。雖然救護車快速到場，醫生施行胸部按摩，她一直沒恢復意識。在醫院急救室躺了三星期，二十年華的她終於與世長辭。

鄰居一位同事開入高速公路加速道時車子拋錨，他停在路邊，一輛大卡車為了避開而靠左行駛，但另一輛車卻想利用此空間超越卡車，結果強力撞上停在路旁的車子，鄰居同事不省人事，送到醫院兩天後過世。

二〇〇五年年末，四十歲的鄰居在里昂市區等綠燈正在啟動車子時，一位無照駕駛、喝醉酒、被驚察追趕的二十二歲小伙子，以時速一百二十公里撞上其車，他受重傷，昏迷不醒。八十歲的老母每天到醫院呼喚他，四天之後他恢復意識，現在視線模糊（物體重複），雙腿還未能行動自如，須耐心進行數月的復健。

「道路安全組織」、「預防意外協會」、中學、媒體、大學社團想盡辦法，提醒年輕人「謹慎上路」，勸服他們不要認為「一車在手什麼也不會發生」，一位朋

三分之二的車禍
發生在離家不到十五公里之處。

友或親人的過世將深刻地影響我們的一生。雖然八成三的年輕人同意這種理論，但發生車禍之後，三分之二還是沒改變駕駛行為。

一位賽車冠軍的妻子與弟弟皆死於車禍，他自掏腰包設想一種「在路上學習容忍的態度」的教學方式。法國每年約有一萬人去他成立名為「正確開車」的十三個分行。此教學方式的創辦者勸導年輕人取得駕照一年後，來他成立的社址再度訓練。

法國每年逾五百萬人因超速而被罰款。致命的車禍超速占四成八，其中年輕人占五成七。時速一百三十公里需要一個足球場的長度，車子才能停下來，若遇到下雨路滑則是兩倍的距離。九成五的駕駛人不覺得他們開車超速。根據「研究交通安全機構」的測驗，減速十%可降低二成的重傷情況、四成車禍喪生。時速五十公里的撞擊力相當於墜下四層樓。

除了超速外，酒醉占三成五，沒繫安全帶二成，疲倦一成七，車子有問題一成六五，至於吸毒者則占一成至一成五。法國政府「道路安全部門」於千禧年秋初，發起一項「對抗對熟悉路況掉以輕心」的新宣傳運動。三分之二的車禍皆發生在離家不到十五公里之處，習性引起不在意的危險，駕駛人不知不覺持者不尊重生命的態度。

一九九九年八千五百名車禍喪生者，三萬兩千名重傷。其中六千兩百名喪生者及兩萬五千七百名重傷者，事故皆發生在被認為是熟悉的路線。二〇〇一年，八千一百六十人死於車禍，其中兩百零六個兒童，兩千七十七個年輕人，相當於兩所中型中學的學生。十五萬三千九百四十五名受傷者，其中約三萬名重傷。重傷者三分之一則終生殘廢或保留嚴重障礙。

根據一項調查六千樁發生在熟悉路線的車禍，此種意外的主因是遲到、緊張、工作煩惱……等心理因素、無法控制緊急狀況，接著是注意力分散、酗酒、及車速不適合路況。前後座皆繫上安全帶可避免十一%的致命車禍。

二〇〇二年十二月中旬法國政府採取對抗不謹慎駕駛者的措施：(1)頒發三年有效的臨時駕照給年輕人。路試時間為三十五分（延長十三分）。三年期間若發生事故則取消駕照。(2)考駕照需先做體檢。逾七十五歲的駕駛者每兩年需從事體檢。(3)撥款一千五百萬歐元安裝雷達。(4)開車時使用手機則扣兩點（一張駕照共有十二點），沒繫安全帶或騎機車不戴安全帽則扣掉三點（往昔是一點）。(5)血液酒精含量在〇・五至〇・八g/ℓ之間則扣掉三點。(6)若犯了兩項罪刑，最重刑則是十年的監牢和十五萬歐元的罰款。

若每位駕駛者手握方向盤時能遵守交通規則，不超速、飲酒不開車（選擇喝酒或開車）、疲倦愛睏不上路，愛惜自己的生命之際（身體髮膚受之父母不敢毀傷），也尊重他人生存的權利。一個人受傷或過世不僅是個人的事，也殃及家人、朋友，開車可不慎之。

內科醫生的不適症

六、七〇年代的台灣，不少本省家庭希冀女兒能嫁給醫生。醫生收入豐厚、社會地位高，是理想的乘龍快婿。尤其醫生家庭更期望能持續「醫生世家」的傳統。二十一世紀初期法國醫生的收入、社會地位如何呢？

二〇〇一年十一月起，法國的內科醫生（médecin généraliste）拒絕夜間值班。二〇〇二年一月二十三日則是「沒有醫生的一天」，法國全國各地的醫生、護士、復健師、藥劑師、牙醫等醫護人員，齊聚巴黎示威遊行，抗議他們執業之困難及執政者不回應他們的訴求。

內科醫生為何生氣不滿，他們的不適症因何而來，他們要求什麼？正式理由是希望門診費由十七·五三歐元，提升至二十歐元。出診由二十三歐元升至三十歐元。一般人認為社會地位崇高、收入優渥的醫生，自認為形象不太符合事實。

左派政府實行「一週工作三十五小時政策」使平均工作五十八小時的內科醫生，覺得逆社會潮流，及悠閒社會現象。在一片縮短工時的聲浪中，工作時數過長是內科醫生不滿的發動因素。原則上自由業的醫生可任意訂定開業時間，他們注意到住院醫生的工作時數漸漸減至三十五小時，有三天的週末，假期延長，值夜班後隔天休息。自由業的醫生值夜班後還需繼續開業，他們沒住院醫生的悠閒時間去打高爾夫球或網球。

一般人皆是三十五小時的生活方式，五十八小時的冗長工作時數越來越令人難以忍受，人生不僅是工作而已。

內科醫生可自由決定不那麼辛苦工作，但少看門診即減少收入。故他們要求門診費提高，可從容看病人，亦可擁有較多閒暇。

除了工作時數外，低廉的門診費令許多醫生覺得與其社會地位不相宜。有時病人另外多給錢請醫生留下。醫生常愛與鉛管工人較高的收費相比。但拿一年的總收入為標準，兩者無法相提並論。內科醫生一年平均約賺五萬六千六百一十五歐元，雖然如此，醫生反駁他們念了八年高等教育才得到文憑。在各種自由行業中，他們的收入雖然難與法庭執選員（Huissier）相抗衡，比後者少兩、三倍。內科醫生之不適症亦來自其社會地位不如往昔。

醫生在社會扮演的重要角色不容置疑，例如經濟不景氣時，診所病人明顯地增加。醫生是否想多賺錢而增加外診次數，根據「醫務委員會」調查一千名醫生，半數的外診可在診所進行。內診與外診收費在巴黎、里昂、馬賽大城市只差四塊半歐元，其他地區則三塊歐元，怪不得有些病人動不動就請醫生來家看病。浪費時間、毫無理由地東奔西跑，沒有一項職業的出勤費是那麼稀少。提高外診費避免病人濫用機會，醫生也較覺得不被隨意差遣。

內科醫生診治各種疾病，他們沒有一項專門科，專科醫生尤其心臟科及矯牙科醫生的高收入，令內科醫生產生複雜情結。法國城市五成的醫生是專門科，這是歐洲獨一無二的例子。

身分危機，不再受到社會的感激，拒絕值夜班持續一個月半、「沒有醫生的一天」皆是內科醫生挫折感的發洩方式。他們最憤怒被稱為社會保險的僱員，尤其須要求多增加門診費時。

有些醫生觀察最近十年病人的態度改變了，他們較苛求，且持消費者的心態，換言之，叫人難以忍受。醫生職業女性化、醫生人口老化、收入停滯等皆降低社會的認同。左派政府當政的態度最令醫生失望。

根據二〇〇二年三月初一項民意調查，大部分法國人喜歡他們的醫生，四成七認為內科醫生之不適感來自看病的時間不夠，三成七認為社會認同不足，三成四認為其收入不夠，五成九願意自掏腰包多付醫生門診費以改善其收入。

內科醫生的工作為何貶值呢？他們一週工作時數比專科醫生超過十小時，收入卻較低。尤其在鄉下及不太安全的城郊，其工作更艱苦。

英黛是一位在里昂市中心開業的五十二歲女醫生。十月至二月流行腸胃炎及感冒，她每天看三十多個門診，平時則約二十幾個門診。除了門診外，她一星期花十二至十四個小時外診，對象大多是老人。一次外診時間約三十五分，門診則是十五至二十分。一次外

馬丁醫生每週看診逾五十小時。

診只是多賺五・三歐元。每三個月值一、兩次週末夜班，從星期六中午至星期日晚上八點。幸虧平時的夜班由「急救醫生」（SOS médecins）承擔，鄉下醫生則沒那麼幸運。

她每週工作五十多個小時，一個月淨賺三千三百五十四歐元，但需扣除一九九四年向一位醫生買病人名單，每個月要繳一千零六十七歐元，在八年內付清。這位收費符合社會保險規定的內科醫生，漸漸失去其理想。選擇不自由收費，當初目標是懸壺濟世，但她須多看病人以抵消念醫學院及最初開業的投資。此外免費看護無社會保險病人、社會保險機構的限制問題等。她承認現在重量不重質。

二〇〇二年六月右派當政後，國家社會保險機構與醫生公會坐下來談判結果，醫生獲得他們要求的門診、外診費提升至二十歐元、三十歐元。醫生承諾多開無專利權的藥方。無專利權的藥品比一般藥品便宜三成，且藥效一樣。法國目前無專利權的藥僅占可退費藥的十％，遠落在德國與丹麥四〇％之後，英國則是二一％。

雖然六月簽署的合約預訂，第一年醫生平均須開十二・五％的無專利權藥方，但若達不到此比率亦不會受懲罰。此種無責任的自由令人擔憂。社會保險已呈赤字，如何承擔漲價的門診、外診還是個問題。最後還不是納稅人要掏腰包。

法國社會保險一直是赤字，為減輕負擔，二〇〇五年七月起每位法國人須向社會保險宣告他所選擇的治療醫生（médecin traitant），換句話說，除了眼科、婦產科、精神科這三科可直接看專門醫生外，必須先看內科醫生（他的治療醫生），若須看專門科，須有治療醫生的信函，否則社會保險退費較少。

二〇〇六年二月，醫生公會與國家社會保險機構談判失敗，爭執點是內科醫生公會希冀從今年初門診費提高一歐元，二〇〇七年三歐元，社會保險機構建議十一月起才實施。醫生公會要求會員二月二十八日起進行「熱心罷工」，即每週看診不逾三十五至三十九小時，亦不按照社會保險機構規定收費。

雙方僵持一個月後，社會保險機構採取妥協，同意八月一日起門診費提高一歐元。

一週工作三十五小時的後遺症

「縮短工作時數讓人們有較多空閒時間」、「一週工作三十五小時對大家皆有益」，縮短工時的贊成者以理想化、令人歡欣鼓舞的口號宣傳其改革動機。一九九七年國會代表選舉時，社會黨認為縮短每個人的工時讓大家皆有工作，失業者及工作不穩定者皆可找到固定工作，有工作者可改善生活品質，工作效率會提高。

企業公司老闆雖然大聲疾呼縮短工時，從經濟觀點來看沒意義，但左派政府置若罔聞。歐洲其他國家正增加工時之際，法國卻開倒車，頒布法令認為減少工時可創造財富及增加工作機會的唯一國家。

九年之後，三十五小時政策在法國社會產生巨大的影響，法國人的工作態度改變了。甚至原本不相關的公務員也要求三十五小時。縮短工時成為社會衝突的話題，博物館管理員罷工，護士遊行示威，整個法國只夢想延長的週末。甚至有些公司行號老闆想獲得政府補助減輕公司稅金，而提早實施三十五小時。

但失業率再度提高，人們不禁發問此項改革是否成功。讓法國人在較佳的情況下工作，此目標亦未達到。根據二〇〇一年五月研究統計數字機構的一項民意測驗：五成九受測者認為他們的日常生活改善，但同時三分之一確認其工作條件變差。換句話說四百多萬薪水階級採納三十五小時，其職業生涯較以往不舒適。勞工醫學調查里昂信託銀行（Crédit Lyonnais），五成八的職員認為工作品質下跌。

哪些人是縮短工時的受害者呢？通常是主管或高級職員，「自從縮短工時政策實行以來，我不得不增加工作時間」，卡洛琳在一家有五十位員工的建築公司當會計，平均一星期多工作兩小時。有時她需接電話，因祕書放假或另外一位提早收工，她需承擔三個人的工作。「我懲罰自己，回家之前拚命工作，因不想隔天接下前一天的工作。」加耶是一家公司的顧問，他如此解釋。

縮短工時並沒改善主管的生活、在公司地位及工作時數。他們抱怨上班時間太長為時已久，薪水並不因此提高。六、七年以來，勞工監察員甚至發覺主管工時超過法定時數。常搭飛機辦事的主管或執行任務的顧問，如何計算其工時？

奧布衣法（Loi Aubry 一九九七年法國勞工部長，亦是縮短工時政策之策畫者）第二條區別三種高級職員或主管：⑴主管不受三十五小時法令限制；⑵和一般薪水階級一樣受限法令；⑶自由安排、累積三十五小時（例如可在四天內形成）。這些新法規導致令人意想不到的升級，在金屬工業界，有些公司詢問其普通職員願不願升成主管以逃避三十五小時的硬性規定。甚至基層生產的管理人亦變成高級職員，以運用一星期工作日數而非工作時數。問題是為了減少工作日數，自由選擇者一天可能工作十三小時，處於兩天工作日之間至少需休息十一小時的邊緣。

縮短工時並沒像預料中創造工作機會。企業為了減少雇用新人須負擔的社會保險支出，盡量不再雇用新人，而把長期工作合約變成多數的短期工作合約或長期代理職位。結果加重工作負擔，尤其是高級職員。雇用新人主要指低薪者，因公司可減輕不少社會保險支出（它與薪水成比例）。

三十五小時並沒美化低薪者的生活，克莉絲汀四十歲，育有三個孩子，在一家超市當收銀員，其收入是最低薪。雖然她蒙受三十五小時之利，但是以一年工時總計，有時一週不到三十五小時，有時卻一整天離不開櫃臺，尤其是節慶日。縮短工時法規預定節慶日時，出納員一週甚至可工作至四十八小時，每小時一樣的工資。「我們這些低薪者負擔額外的工作，因沒再雇用新人。一星期工作四十八小時夠累人。我們沒獲得什麼好處。」克莉絲汀的心聲道出其無奈。

一週三十五工時改變了修車技工的工作態度。

擁有十六位員工專門製造冰箱的一家工廠，一位技工為了到一家執行三十五小時的工廠而辭職，其動機是較多假日，雖然薪水較少，但他可多留在家與孩子及狗相處。老闆詛咒縮短工時讓員工跑掉。雖然他曾向員工解釋為了不讓工廠倒閉，他不急著實施三十五小時，有問題的話，老闆、員工圍桌喝香檳酒討論，他無論如何也料想不到員工會出走。

漢馬林是一家專門製造灌溉器材、有五十位員工的企業公司老闆，起初他相信縮短工時可解決失業，於是實施三十五小時。卻沒想到營利降低，且失去市場。面對員工不及二十名的公司，「縮短工時法令」允許額外的工作時間，且社會保險負擔較輕。漢馬林擁有五十位員工的企業公司無法與之競爭抗衡。

此種不忠實的競爭、不公平的感覺在其他行業亦可察覺到。「實行三十五小時政策以來，我不得不把開店時間延後至九點半，關店提早至下午六點半。我如何與無午休一直到晚上八點才關門的超市相競爭。」這是一位擁有三家眼鏡行老闆的怨言。

就拿里昂中國城一家商店為例，二〇〇二年元旦之前，商店從早上八點半直至晚上七點半才關門。三十五小時政策執行之後，早上九點半開店，中午一點至兩點半關店，下午營業時間至七點。一天營業時間比以往減少三小時，當然營業額也下降。午休亦造成顧客之不便。

在縮短工時政策壓力下，許多薪水階級逐漸被工時縈擾，中小型企業員工變成三十五小時的忠實信徒。武格是一家汽車經銷店兼修車廠老闆，自從二〇〇二年元月實施三十五小時以來，他發覺員工的工作態度完全改變。「下午五點一刻修車場工人擺下工具，丟著引擎蓋開著的汽車，只因做完當天的工時。」他非常驚訝。往昔一週三十九小時工作，人們認真工作。如今在縮短工時一片聲浪中，人們只想休閒，此政策破壞了工作的美德。

根據一項調查，三成一受訪者認為比以往更緊張。在三十五小時內需完成三十九小時的工作分量，注意力必須更集中。醫生開始擔憂三十五小時為薪水階級健康帶來的後果。企業公司還是想維持生產量、效率，薪水階級因責任增加而更焦慮。更多休息時間對職業婦女來說，可能會做更多家務事，而無法真正休息，空虛、罪惡感油然而生。

工時與失業率的關係難以確定。美國與日本一年的工時在一千九百至兩千小時之間，法國是一千六百五十至一千八百小時之間。美國與日本的失業率皆低於五％，法國則是十％。縮短工時削弱法國的在國際市場的競爭力。

普林斯頓大學歐洲研究中心教授兼主任伊查哈•舒萊曼（Ezra Suleiman），亦是觀察法國政治、經濟、社會現象的專家，認為右派政府想改革三十五小時工時是世界競爭力激烈下的必然趨勢。他永遠無了解法律強制法國人工作不能超過三十五小時，西方工業諸國中法國是唯一規定工時的國家。為何法國總是要操縱人們的經濟及社會生活？國家角色占優勢過於龐大，法國社會處於矛盾狀況，法國在各方面標榜自由，卻限制工作自由。他建議經濟生活各層次應有伸縮性。

英國主管認為法國實施三十五小時是退化的意識型態，一種荒謬及造成損害的措施。保守黨及工黨皆批評此政策導致生產倒退，並未阻止企業倒閉及降低失業率。英國工會立場則是了解與羨慕，由於英國一週四十三小時半的工作時數是西歐國家最長的。

德國汽車工業已實行三十五小時工時。在野黨黨魁希望德國人延長工時以走出經濟危機及拯救社會福利。老闆工會主席認為並非整體延長工時，而是每個企業依其需要而個別解決問題。受到經濟危機之衝擊，德國某些省區採取嚴厲措施，例如把公務員一週上班時間提升至四十二小時，而聯邦政府公務員則是三十八・五小時。

「反潮流」、「瘋狂」，法國三十五小時工時法令在義大利無法引起共鳴。義大利的政黨及工會皆同意在本國難以接受此法令。甚至左派亦宣稱像工時這種敏感問題，國會不該頒布法令，社會協商似乎較適宜。「我們從未認為法令可解決複雜的勞動市場問題。減少工時與增加職位並不相關。」一位左派的社會關係負責人如此直言。

法國現任右派政府於二〇〇四年十二月的官方報紙刊登：三十五小時有彈性的法令，即每年增加工時定額從原先的一百八十小時延長至兩百二十小時。「選擇工時的改革已開始，薪水階級希望延長工時以增加薪水，與社會合夥者談判後可實行。」總理官署公報如此闡明，這是目前的因應之道。

到康布斯德朝聖去

兩世紀期間幾乎被人遺忘，到康布斯德（Compostelle，位於西班牙西北部，亦即星星之路）朝聖卻在當今掀起一股熱潮，越來越多的朝聖者到使徒聖傑克的墓前行禮膜拜。信仰虔誠、回歸自然、緬懷真正的過去、追求人生指標、儉樸等等是其動機。康布斯德與羅馬、耶路撒冷一樣，成了基督教重要的朝聖地。

正在提伯喜亞德湖（Tibériade）捕魚，耶穌呼喚他：「直到地球盡頭，向所有的國家布道。」跟隨耶穌的指示，傑克成了耶穌最初的使徒。他後來成為傳道者。在耶路撒冷被砍頭之前，傑克是否去過西班牙安塔路西亞，再到加里斯（La Galice，西班牙西北部地區）收門徒？西元世紀初期西班牙的福音布道歸功於這位烈士。他過世後，兩位門徒夜晚把其遺體偷運至一船舶上。受一位天使護航，船舶抵達加里斯海岸。使徒的遺體被葬於一古羅馬墓園。傳奇或史實？一直被遺忘的墓地，於八一三年被一位隱士發現。根據中古世紀的記載，羅馬墓園被命名為「星星之園」。

他們朝西方步行，經過平原、森林、城市、小鎮、鄉村；跋山涉水，不顧風吹雨打，嚴寒酷暑、遙遠路途、精疲力竭、肌腱發炎、腳起水泡、孤獨……，秉著一股熱忱繼續前行。經過小教堂、大教堂、修道院，踏著千年來擁有傳統、發生過神蹟的路途。從各地不同階層來的男女老幼，朝向同一個目的地：天主教聖地康布斯德的聖傑克（西班牙文為聖地牙哥Santiaga）。

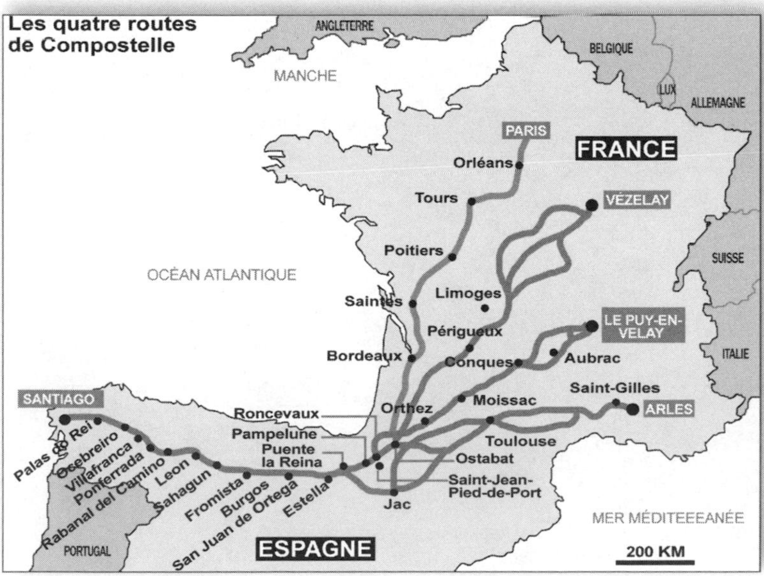

到康布斯德的四條朝聖路圖。

一九九九年是聖年，聖傑克的誕辰七月二十五日若是星期日，那一年則被稱為聖年。一九九八年十二月三十一日至一九九九年十二月三十一日，聖傑克大教堂的大門敞開迎接朝聖者。一九五一年大教堂發出四百五十一份朝聖證書給朝聖者。一九八五年兩千份，一九九三年十萬份，一九九九年超過五十萬份。

十六世紀起由於宗教戰爭，無數教會建築遭破壞成為廢墟。十九世紀西班牙的償還法令：教士財產販賣後由國家收益。一七八九年法

LE PUY-EN-VELAY是四條朝聖路其中之一的出發點。

國大革命，朝聖中斷。一九五〇年從法國出發朝聖的四條路途再度被發現，亦成立聖傑克之友協會。九〇年代中期朝聖者逐年增加。他們並非虔誠的教徒。步行（四分之三）、騎自行車或騎馬，一次執行或每年前進一、兩個星期。宗教原因、性靈追求或自我追尋，朝聖回來的人做過心靈洗禮，充滿激情，找到一個嶄新的自我。

大多數的朝聖者皆單獨行動，頂著邊緣掀起的草帽，掛著飾有一個扇貝殼（Coquille Saint-Jacques）的項鍊，手持著一根枴杖，腰繫著乾糧袋及水壺，足蹬皮製步行鞋，這是朝聖著的打扮：和平的貝殼、希望的枴杖、拯救的水壺。背著盡量減輕的背包，但少不了記事簿、「朝聖指南」及聖傑克之友頒發的「朝聖信用卡」。持此卡可到私人、市鎮、教會為朝聖著特設的住宿投宿，只需付低廉的膳宿費或自由付帳。每一站在卡上蓋章，但至少須走過百公里的路程。抵達康布斯德大教堂時，朝聖者可獲得珍貴的拉丁文朝聖證書。

一位生活緊張的主管自問人生的意義，一位大學生探求其前途，一位退休者尋求第二度人生，一位離婚婦女為人生做個總結，失業、疾病、死亡……，決定去朝聖的理由十分深奧，他們皆處在人生的十字路口。

安端慢慢步行，一天路程不超過十五公里，沿途欣賞鳥語花香、景色、遺落在深山上的羅馬式小教堂。今年五十七歲，原本在巴黎一家大銀行負責外匯部門，其職位被刪除而被迫提前退休。於是下定決心去做一趟心靈洗禮之旅，遠離焦慮、汽車、空氣污染、人際關係、喧嚷，與孤獨抗衡；在靜默的徒步之旅，孤獨成為友伴。

西蒙五十歲，是維吉尼亞州一所大學中古世紀史教授，與另外一位朋友從巴黎聖母院騎單車出發。美國人此行的目的為何？朝聖、與友伴同行及研究聖傑克朝聖路徑的奇蹟與迷信。「自從一千多年以來，幾百萬人在路途中提出同樣的問題，追求同樣的經驗與答案，那是個神奇的現象。」西蒙如此記錄。

充滿同樣的熱忱，朝聖者從西班牙、法國來，亦從歐洲其他國家、美國、巴西、南非、澳洲、印度、以色列遠道而來。六月至九月較多人，七月及八月是旺季。歐洲議會把康布斯德的朝聖路程命名為「歐洲首要的文化路線」。聯合國文教組織把西班牙路線列入世界文物。

在他們經過之處，人們畫十字向他們致敬、熱烈的致意、擁抱、提供水及水果，在法國，朝聖者分散在四條路線。西班牙唯一的路線指標極精確，有些公路還特別規畫出朝聖路線。路線經過的城市、鄉鎮幾乎設有一個或好幾個宿店。

面對自我，白天每個人依其步調前進，時間的概念與平時不同。晚上在投宿處小集團一一形成，共同用膳，睡在宿舍。彼此交換會過面者的消息。在宿店、教堂的記錄簿每個人可留下其感想、姓名、住址。在許多停留店，幾乎所有的接待者是往昔的朝聖客，他們特別在此度假以負責接待，與過路的朝聖客交換經驗。

兩位來自比利時的青年，三個月前從魯汶出發，已步行兩千一百公里。他們做了壞事，與其從事公益工作，他們向判官請求行走懺悔的路程。一位義工伴隨他們。

抵達康布斯德大教堂時雀躍萬分，朝聖著像是完成一樁偉大艱辛的任務，且有戰勝自己的感覺。走到地下墳墓安置聖骨的墳前沉思、祈禱、許願。十分虔誠、極具好奇心的朝聖者，再往西南行二十公里至巴同（Padron），傳說從巴勒斯坦來置聖傑克遺體的小船在此上岸。至於神祕主義者，他們遠行至歐洲大陸最西部的海角，眺望一望無際的大海。

節慶狂歡

大地甦醒，手風琴悠揚的樂音宣布晴朗的天氣，巴黎遠郊瑪爾恩河畔（la Marne）的小咖啡館，於三月中旬展開的舞會紛紛開店，符合春天的來臨（三月二十一日），時髦人物趨之若鶩。

二十世紀初期瑪爾恩河畔有幾百家小咖啡館，直到六十年代，許多巴黎人在巴斯底大車站（當今的歌劇院）搭車，去鄉下換換空氣度過愉快的一天：吃炸小魚、水手鰻（加酒及洋蔥烹調）、淡菜配薯條、盪鞦韆、玩市集遊戲，在手風琴的伴奏下翩翩起舞。人們從事各種與水有關的活動：划船、戲水、釣魚、賽船、水上表演、花船、水上比力。

成立數年的小咖啡館文化協會，試著重創小咖啡館文化遺產，恢復集體記憶之豐富，回歸單純的樂趣及節慶的氣氛。二〇〇四年的春季舞會是第八屆。

私人舞會、家庭舞會、生日派對、大眾舞會、初次參加社會活動的少女舞會……等，目前極盛行。舞會萬歲！法國人想跳舞，愛在週末狂歡作樂，包括星期天下午。他們偏愛由樂團伴奏在舞池起舞。著華服或便裝，邀舞、學舞，法國再度發現舞會的儀式。

往昔，法國人跳舞就像呼吸一樣，星期六晚上去參加鄉村或城市舞會，是一種習慣、樂趣儀式。舞會高峰期在兩次世界大戰之間，當時盛行探戈及風笛舞。社會階層並不相混。爪哇舞、華爾滋、探戈、每種舞蹈有其規則、感性。跳舞象徵引誘、肉體接觸、愛情、性欲的昇華。

接著，「迷失的一代」伴隨消費社會，他們在夜總會、舞廳狂亂扭著身軀跳迪斯可舞。他們不欣賞父母那時代的舞姿，舞會一度消失。

當今，區公所、鎮公所、協會再度點燃舞會的火焰。應民眾要求，文化中心邀請舞蹈家教民眾跳舞。學者紛紛研究舞會現象及地點，鄉下、市郊或市中心，何處舞會較頻繁。舞會漸漸變成物以類聚的場所。由於共舞，舞者從初步接觸，進而互相認識、相處得來。大家被節慶的歡悅氣氛感染，因而有渾然忘我的醉醺醺感覺。

不論任何形式的舞會，很多女性成群赴會或單獨前往，跳不跳舞皆無所謂，她們主要是尋找充滿音樂、人群、生機的熱鬧場合。

時髦或過時，「初入社會少女的舞會」（Le bal des débutantes）總會引起人們好奇。此社會活動模仿十九世紀安格魯撒克森沿襲下來的傳統：貴族家庭少女離開修道院踏入社會。五〇年代末期此風俗流傳入法國。一九六八年的學潮使習俗中斷許久，直到九〇年代初期，此種舞會再度盛行。

在巴黎，兩場舞會相互競爭，一場只由貴族少女參加，由刊載歐洲皇家貴族新聞的《觀點週刊》（Point de Vue）贊助的「初次舞會」。另一場稱為「初入社會少女舞會」，財經家庭混合貴族社會。雖然像是一場服裝秀，參加少女依其出生背景而被選擇，身高至少需達到一七二公分，具有模特兒身材及高貴雍容的姿態。這兩場舞會有其特殊意義，它保留一種生活藝術，宣傳法國的服裝及珠寶，且為人道立場服務、募款。

現代的年輕人抱著及時行樂的原則，他們需要聚合在一起，異於古典、爵士

橘郡古羅馬劇場。

樂，他們愛聽搖滾、重金屬樂、毫無旋律的饒舌樂，是一種無進展、單調重複的音樂、頹廢的象徵或病態的歡樂？狂歡作樂是年輕人的政治要求，跳舞即前進。

週日，功課、工作壓力，年輕人面對一個競爭、冷酷的社會。週末，他們爆發日常的挫折、禁忌。厭惡紀律，他們選擇集體作樂。七〇年代的年輕人想改變社會，現代的年輕人則想逃避，狂歡可暫時取代現實。

復活節假期，法國各地修道院、教堂展開一連串的聖樂節慶，音樂結合靈性的心靈洗禮。每年夏天的第一天，法國全國熱烈慶祝音樂節，八〇年代的文化部長傑克・藍（**Jack Lang**）認為法國有無數業餘愛樂者，為何大家不一起來狂歡慶祝一番？從英美飄揚過海的萬聖節前夕慶祝，十五年前一家化裝衣服、道具的專賣店開始發動宣傳攻勢，當時法國無人慶祝此節慶。現在不僅商店、超市大發利市，法國人也會趁此慶祝，小孩子尤其高興。千禧年就有一群小孩來按我家電鈴討糖果，我送一袋梅乾。

看來節慶、舞會、音樂會在法國還有一片美好遠景。

法國人不太愛購買鮮花

里昂市中心美麗廣場（Place Bellecour）有三家鮮花店，我家附近有三家花店。在里昂近郊住了十四年，我只買過一次鮮花送給朋友。被朋友請吃飯，我較喜歡送中國畫、巧克力、酒、餐具……等，總覺得鮮花不持久，過幾天就凋謝了。

法國人每年平均花四十六歐元買鮮花、室內植物及盆栽。相較之下，德國人則花費兩倍的價錢，瑞士人三倍。四十六歐元還包括萬聖節掃墓時購買的菊花呢！可見法國人是不常買花的。

自從十多年前，鮮花及室內植物的市場一年好一年壞，花市經濟研究的一位負責人確認為花店老闆不必過於悲觀。但在法國四千六百萬鮮花的可能消費者，三千四百萬於一九九八年才買過一束鮮花或一盆室內植物。不及八%的法國人一年購買六次或六次以上的鮮花。

雖然不常買花，但買花主要是送給朋友或親人，再來就是在墳上擺花。後者占二成七的鮮花市場，最後才是裝飾室內，為自己製造樂趣。這比北歐國家極重視居家環境溢滿花香不一樣。就像聖誕節在北歐是極重大的節慶日，從購買到裝飾聖誕樹，全家熱烈參與。由於北歐冬季酷寒、晝短夜長，一年中陽光普照的月份不多，故比法國人更熱中室內擺設裝飾，以抗拒外在的氣候、環境。

買花時法國人會看價錢，他們平均花七・六歐元買盆栽，十歐元買室內植物、組合花十一・四三歐元、一束花五・六四歐元。工人每年花四十歐元購花，高級主管六十一歐元，沒上班者則花費較高：六十五歐元。至於購花者的性別，女性占五成三，男性四成七。

傳統的花店越來越難與超市的花價競爭。二十年前超市對賣花沒興趣。九〇年代初期，超市附設的鮮花部門在花市銷售量，從一成增至三成，金額從六％增至十五％。雖然戰後花店數目每年成長，但自從一九九五年起，花店數目首次不再增加。我家附近那三家花店，其中兩家最近四年陸續關門。僅存的那家花店老闆獲得「法國最佳工匠獎」。我問他最近幾年生意如何？他不正面回答，只是笑著說：

「認真工作，顧客訂的花盡量讓他們滿意是我的生意經。」他獨特的組合花技巧、「最佳工匠」的招牌、令顧客稱心的服務態度……等，是他花店屹立不搖之因。

「超市低廉的鮮花價格吸引一群本來無意購買的消費者。這些人有一天將會去傳統花店購買。」巴黎遠郊花市工會主席的分析，卻無法說服花店老闆。「就像不少食品雜貨店、麵包店無法與超市的低價競爭，而紛紛倒閉，花店將會遭受同樣的命運。」巴黎一家著名的花店老闆持悲觀的論調。

最近幾年，巴黎及省區的大城市新興顧客自行服務的超市型花店，自行選擇、不費時、價格清楚、亦可徵求專家意見等，是這些商店的王牌，它符合大城市消費者的需要，故吸引越來越多的顧客。眾多傳統花店群起效尤，在店內附設顧客自行服務部門。

九〇年代起，法國人對花的品味有所改變，他們不再垂青長梗的花朵：玫瑰、劍蘭、金魚草，而較喜歡簡單、溢出香味的花組成的圓形花束。這符合回歸自然、簡樸的生活方式。較容易攜帶，且適合天花板不高的現代公寓、住宅。水仙、毛茛、銀蓮花及香味濃的小玫瑰，這些像野花的小花很受歡迎。

由於鮮花市場競爭越來越激烈，八〇年代末期一些花商花心思更新組合花的藝術，他們在組合花上加入豆科植物、莖皮。淡色取代鮮豔、強烈的顏色。

幾世紀以來，鮮花是一種奢侈品，園藝家及花商被視為顯貴。二十世紀初期大眾階級才漸漸向賣蔬菜、水果的流動商販買紫羅蘭、鈴蘭、丁香。直至六〇年代，鮮花店的顧客主要是資產階級及上層社會。每個世紀皆有其盛行的花朵。

法國的鮮花半數以上是進口，荷蘭供應六成的花市，其次是哥倫比亞、義大利、以色列、西班牙、肯亞、津巴不韋、及許多南美洲國家。荷蘭以鬱金香、劍蘭、小花馳名。哥倫比亞出口玫瑰、石竹。八成的盆栽花則是法國本土出產，但是七成的室內植物來自荷蘭及義大利。至於法國產花地區，西部的布列顛尼取代蔚藍海岸及巴黎地區。

法國人買花是有季節性的，其態度保守。二月的情人節、五月母親節、十一月萬聖節、十二月聖誕節及除夕、新年，這四個月花的銷售量超過四成五。

我家附近僅存的鮮花店。

移民的後裔

二〇〇五年十月二十七日兩位青年為逃避警察檢查身分，誤闖入電力公司變壓禁區觸電身亡。以警察壓迫阿拉伯、非洲移民後裔為藉口，一些青少年縱火焚燒汽車、學校、商店、超市，暴動蔓延至十五個地區、城市，持續兩星期之久，餘波連續一星期，夜間縱火滋事的年輕人皆住在郊區，他們是北非阿拉伯、非洲黑人移民的後裔，有的甚至才十二、三歲。

一九七四年季斯卡總統執政時，法國實行「家庭團聚」移民政策（**Le regroupement Familial**）許多阿拉伯、非洲婦女、孩子來法國依親。在法國出生即可取得法國籍政策（**Le droit du sol**），使移民後裔不珍惜他們的法國籍。某些經濟學家解釋「家庭團聚」政策促使法國人敵視某些國籍移民的間接原因，因不事生產、領家庭補助的婦孺增加不活動人口。但對越來越多、經濟上活躍的亞洲人，他們印象良好。

此次暴動從巴黎東北部塞納河—聖德尼（Seine-Saint-Denis）擴展其來有自，此地區失業率極高（逾二〇%），城市規畫遭破壞，藏匿不少非法移民，販賣毒品，地下經濟腐蝕居住區，幫派互毆，青少年多多少少牽涉到侵犯行為。二〇〇四年十三萬五千三百零四件輕重罪登記有案，十年內犯罪率增加三成，未成年青少年犯罪率達二成二，在巴黎衛星城市中居首。根據一項針對此地區國中生的匿名問卷調查結果：二成二的學生認為打同學或侮辱教師並不嚴重，一成則認為焚燒汽車亦沒什麼。

此地區約一百四十萬的人口，就有二十五萬處於貧窮狀況，其中二成八未滿二十歲。行為偏差、常滋事擾亂，皆是與學校脫節的青少年。眾多考試失敗、學業成績低落，被迫接受他們不樂意的職業訓練課程。於是逃課，漸漸乏人管教。警察盤查青少年身分時，越來越多少年公然謾罵他們。

法國的阿拉伯、非洲移民屬於中下層勞動階級或失業者，教育程度極低甚至文盲，當然遑論文化素養。這樣的父母無法了解孩子的上課情況及監督學業，法國學校對他們像是一個未知的世界，不想去認識或害怕學校，換句話說不能掌握孩子的前途，傳達勤奮向學的驅策力，分析第二代或第三代後裔的成績證實其無能，眾人皆知若父母參與孩子的學校教育，以他們的優良成績為傲，鼓勵、關心皆是良方。

教養不當的孩子，在家沒學習道德規則、紀律、嚴謹、負責、恆心……等一些求學就業成功的籌碼。父母非其模範或精神導師。父親缺乏權威與威望，母親無法與孩子溝通，不受到任何權威、約束的孩子，易淪落為社會邊緣人，離開學校無職業技能，但又不輕易接受低等工作。失業，且容易陷入犯罪、吸毒的惡性循環。由於幾乎是在外頭混，且發現未成年人犯罪皆從輕發落，道德意識逐漸鬆懈至消失殆盡。慣常走派出所和被懲罰，他們終於變成反抗社會及其代表：學校、警察，處於消費社會，卻無購買能力，挫折感油然而生。

根據塞納河—聖德尼地區輔導年輕人覓職就業協會的統計：未滿二十歲的年輕人約占人口的四成，其中半數失業。至於有工作的，若非代理性質，便是有期限性的。有些建築一成的公寓被非法占用。二〇〇四年一千五百位年輕人申請工作，約一百八十名覓得一職，其中有固定工作者不逾六十名。法國目前約八成高三學生通過全國性高中畢業考，此地才二成，另外二成的青少年不會讀及書寫，有一些近來家庭團聚的，甚至不會講半句法文。

非洲移民後裔成績低落與一夫多妻制的家庭不是無關。法國非洲移民來自馬利、塞內加爾、薩依、喀麥隆、象牙海岸、莫里斯島、剛果等。法國約有四十萬非洲黑人，其中半數生活在一夫多妻制的家庭。他們無任何融入先進社會的文化、經濟資源。父親經常缺席，或僅是回家睡覺。在非洲，多妻不住在同一屋簷下，在法國大家庭侷促一公寓。妻子花心思在嫉妒、敵對、受苦、衝突，哪有時間、權威去管教後代。困苦過日子的父母，孩子亦受其影響。

一位非洲婦女對學校憤怒不平，她十五歲的兒子被勒令退學後，被冠上「他來自某區，有偷竊記錄」，沒任何學校願意收留他。失業的這位母親找工作時則聽到：「她不是法國

塞納河一聖德尼地區
聚集多數阿拉伯、非洲移民。

人！」她亦對警察不滿，因兒子經常無緣無故被盤查，去派出所把他領回時，被警察歧視。

塞納河—聖德尼地區，非洲移民在判官辦公室表現出無可奈何的宿命論心態：「我們將被控告！我們習慣於此。」非洲家庭與法國警察持對立態度、互不信任。有些家庭甚至站在孩子那邊，警察、司法、學校對他們而言同出一轍。此種犧牲者的姿態，讓孩子覺得向警察投擲石頭是合法的。

脫離常軌、惹事生非的非洲青少年，引起社會暴力現象，形成新的危險族群。一九九八年夏天世界足球盃在法國舉行之際，情報局拉警報：「黑人幫派形成令人擔憂的族群退卻、孤立。」法國奪得冠軍盃當晚，約兩百名年輕黑人到香榭里大道騷擾行人、滋事。根據情報局的資訊，約四十至五十名行動快速的一夥人，視時機情勢，隨興合夥去搶劫商店或在公車上鬧事、侮辱、毆打司機，甚至搶錢。這些幫派發展成類似美國歹徒幫派文化。

歷年來城市郊區青少年滋事暴動，幾乎見不到亞裔青年。我一位法國朋友的父親，在巴黎東南郊當過十五年的警察，夜間值勤巡邏時，從未逮捕過亞裔青年。雖然中國人大量聚集巴黎十三區，中國城的犯罪率是巴黎最低之一。派出所亦證實很少中國人犯罪。

一九七五年中南半島淪陷後，成千上萬的越南難民斷斷續續湧入法國，他們慶幸能脫離共產制度，越來越多住在郊區國民住宅，但很少抱怨生活困苦、適應不良。像中國人一樣，越南人尊重長輩，對別人負責，了解受教育的重要，重視孩子學業。雖然處在異鄉，家庭的內聚力和兩代之間的互相關懷、團結還是存在。亞洲人較容易接受低微的工作，阿拉伯裔、非洲裔的年輕人則認為他們被歧視，法國人不願的工作才會給他們。

像越南人一樣，在法國出生的中國青年對迎接他們父母的法國存有感激之情。「我們有義務遵從當地國的法規與風俗習慣，不要一味想領救濟金，不要變成罪犯，我難以忍受無所事事的年輕人。我替犯法的人感到羞恥，因他們替我們做了壞的宣傳，讓法國人畏懼、厭惡外國人。若想保留良好的形象，須自我約束，總不能要求法國警察永遠監視我們的年輕人。家庭是唯一能執行此項任務，否則就是由族群來承擔。」這是一位中國父親的心聲。

我家附近一家中國飯店老闆張先生，一天夜晚十二點在整理善後工作，餐廳前面聚集了二十多位阿拉伯裔、非洲裔年輕人，他們喝酒、抽菸、吸毒、喧鬧、拉屎，張先生勸他們離去，因鄰近住戶皆在睡覺，結果只有半數的人離開。張先生不得不打電話請警察來驅散，隔天餐館的大窗被敲破。

二〇〇五年歐洲經濟黯淡，法國的鄰國西班牙卻是例外。以三・二五％的年成長率，西班牙凌駕英國，消費與投資全速運轉，馬德里成為歐洲成長率的首位城市。二〇〇五年夏天我與外子駕車到西班牙旅遊十九天，目睹西班牙隨處大興土

木，市中心或郊區在建造，道路維修良好。這是一個富有活力、幹勁、人民工作能力強的國家，法國則想執行一週三十五工時。二十五年前西班牙的失業率高達二○%，但近幾年經濟復甦、蓬勃，故能把非法移民合法化。法國使移民合法化則是基於法律原因，卻無法提高工作機會。此外西班牙移民較少群聚同一社區，目前未有移民後裔的嚴重問題。

在法國，移民似乎與犯罪、吸毒癮、不安全相關，但中國城並無此現象。少數民族居住地區生活方式特點是靠補助金、失業、偷竊。中國人經濟有問題，首先設法靠自己、家人、家族解決，其次才是向公家機構求助。北非阿拉伯人、非洲黑人、越南人、中國人具有不同的融入法國社會能力、父母的態度，換句話說家教是關鍵，非洲的一夫多妻制，此種家庭結構對女性及小孩最不利，阿拉伯婦女在家地位低微。此次郊區青少年暴動，大家皆一致認同父母束手無策、缺乏家教的孩子會變壞。總統席哈克呼籲父母負起責任，有些人甚至提議停止分發家庭補助金，這是對孩子犯法的家庭一種警戒。

Part 5× 學校教育

L'systéme scolaire

學制

法國的小學是五年制，一星期上課四天，星期三是休假日。千禧年時九成四的學校，五年級時實施英語教學，私立小學則是七成九。二〇〇一年秋季開學時，四年級的學生全部學英文。四、五年級法文成績優良的學生可進入國中雙語班就讀。

在一個人的求學時期，小學生活給學生和家長留下美好、深刻的回憶。二〇〇三年開學之際，七成六的家長滿意學生程度。雖然數年來歷任政府增加教職數目，一班學生人數從以往的三十名減至二十二名。教師程度提高，工作時數減輕，但學生程度並不見得改善。進入國一之際，一成五的學生有極大困難，小學時沒把法文學好。與四、五〇年代的小學畢業生相比，當今的學生文法與拼字比其前輩多兩倍的錯誤，但作文似乎比較好。

現任教育部長提議「基本知識」方案：數學、法文、資訊技術及小學二年級起學一種外語。此外歷史、地理、公民教育通稱為「運用公民資格的方式」。小學三年級及國一時的學歷測驗繼續維持。

國中是四年制，一學年分三學期。三年級必修第二外語（西班牙文或德文）。每個學期末舉行班級會議，各學科老師、校長、學生代表、家長代表皆出席。校長有每位學生的成績，每個老師對學生下評語，所有教師對班上的總評語：例如學生程度一致、極自動自發、將安排小組工作、全班法文文法需加強、三位學生數學有問題等。另外分析每位學生的成績單，幾位學生受到讚賞，幾位則受到鼓勵。成績單上不列名次。雙語班成績不好的學生，下學期被分到普通班。普通班成績極差的學生則留級。學生人數從二十五名至三十名左右。

全國性的國中畢業考需包括法文、數學、史地三科。除了史地外，三、四年級各科的成績皆計分在內。

一般法國人皆認為國中教育是教育制度中「脆弱的環節」。國中教育的任務是，讓學生受完義務教育後至少有點文化知識。國中卻承受法國社會弊病的後果，尤其是處於環境不良地帶的三百二十九所學校，學生程度並未提高。

一九七七年起實施的「統一國中」（Collège unique），目標是通才教育，教育民主化。二十五年之後，根據一項調查，七成三的國中年輕教師認為「目前國中教學是不切實際的目標，它對學習困難的學生無助」。知識不但沒民主化，一部分學生反而被此體制壓輾。教師面對無學習興趣的學生感到痛苦，越來越難克制學生的不滿情緒。三萬五千至四萬名學生於十六歲（義務教育年齡）離開學校，約六萬名無一技之長。七萬五千名高一學生留級，一萬六千名則留級兩次。

兒子高中三年期間，我當過家長代表。第三學期的班級會議由校長或副校長主持，聽取各科教師的意見後，決定學生的留級或需轉校去念專科學校。留級生可在一個區域性的委員會提出異議，但不一定被接受。

高二時分成文組、社會、經濟組、理組及技術組。異於台灣高中畢業考，法國高中畢業考是全國性的，包括口試與筆試。成績在及格邊緣學生可以口試補考。畢業考的成功率每年逐漸提升，千禧年在七成五左右。

獲得高中畢業文憑後，原則上每個學生皆可在大學每個系註冊。但註冊前大學

沒有入學考的公立大學
一、二年級的淘汰逾五成。

輔導員會看畢業考成績、平時在校成績及教師評語，之後建議學生選擇何系較有成功的機會。

在「每個高中畢業生皆有權進入公立大學就讀」的口號下，歷任政府皆不敢設立不受歡迎的入學考試政策。一九八四年的法規禁止大學舉行入學考，一九八六年十二月右派當權時，因「入學考試方案」引起大規模的學生示威，當時的高等教育部長還自動辭職呢！

法國大學分兩年制的初級文憑（DEUG），第二級文憑包括學士（三年）、碩士（四年），第三級有博士班第一年文憑（DEA或DESS）及博士（八年）。為了配合歐洲其他國家大學文憑，法國大學於二〇〇二年開學之際，逐步實施頒發學士、五年制碩士（Master）、博士等文憑。碩士有職業性及研究性，後者為博士班一年級前身（DEA）。文憑以累積學分方式獲得，歐洲式文憑方便及鼓勵學生到國外求學。三十年以來，英語系國家實行European Credit Transfert System，為交換學生的例子。

根據二〇〇〇年秋末教育部一項調查，只有三成七的大學生在兩年內順利完成初級文憑。兩年制的技術文憑（DUT）及高等技術文憑（BTS）分別是六成四及五成七。

二〇〇一年二月份的《大學生雜誌》有一篇是〈你是否適合念大學〉的性向測驗，根據你是何組的高中畢業文憑、是否留級過、選擇哪一系，估計你有機會（能力）在兩年、三年或四年內獲得初級文憑。文組約六成一的機會、社會組六成五、理組六成九、工業技術組三成三、服務性行業技術組兩成四。

一個「區域性的大學畢業生就業觀察台」，在四年內追蹤一萬八千名隆河—阿爾卑斯山地區（Rhône-Alpes）一九八七年入學的大學生，了解成功及失敗率。一九九三年發表的報告結果亮起紅燈：四年之後，三成四的學生沒獲得任何文憑，八％的學生則只通過一年級的考試（四年中轉系過一次），換句話說無任何文憑。三成的學生獲得初級文憑，意味留級過兩次，一成九的學生獲得學士學位。只有九％的學生沒留級過而取得碩士學位。

醫學院的淘汰率則更厲害，因教育部規定每年醫學院依校的錄取分配名額。南錫（Nancy）大學醫學一九九八年一年級新生是九百五十名，期末競爭考試醫科錄取一百三十八名，牙科是四十五名。

根據一項報告，八成的英國、德國、荷蘭大學生可獲得文憑。法國大學生的存活率則是五成五，法國大學進去容易，出來難。尤其是最初兩年的淘汰率極強，成績不好的學生完全被拒在大學門外。

法國公立大學一年學費約一百五十五歐元左右，二十歲起加付一百八十歐元的學生社會保險。公立大學由國家負擔八六％的經費，民間企業無贊助高等教育的傳統（只占四％），學生家長負擔七％，地方行政單位則是三％。不少大學校長發出提高註冊費的心願，卻激起公憤，左右派政府皆不敢貿然採納不得人心的建議。

台灣的大專聯考依照分數而配系，有時候考的系不是自己喜歡或符合興趣，轉系或轉校又不是那麼容易，這是其缺點。由於有入學考，留級人數不多。

法國大學教育民主化，以期中、期末考作為淘汰素質差學生的工具。大一、大二留級人數比升級人數還要多，每一學年只能留級一次，否則需轉系。學費不昂貴，是否因此降低學習動機？

二〇〇一年當政的左派教育部長宣布幾項措施：⑴在每系設立一位導師，負責接待學生、了解學習情況、調整教學方針。⑵每系發展次元教學，以方便一年之後的轉系。目前只有二%的學生轉系或轉校。⑶發動輔導教學：高年級的學生協助低年級，以小組上課、教導學習方式……等以改善大學的教學方法。⑷增設大學職員以延長祕書處及圖書館的開放時間。

二○○四年十一月，右派的教育部長提議改革全國性的高中畢業會考，即平時的測驗成績加上高中畢業會考。二○○五年二月，國民議會將討論改革方案前一星期，中學生及教師示威遊行四、五天。中學生反對的理由是每個中學平時的測驗水準不同，將造成成績差異。全國性的高中畢業會考較公平。教育部長決定暫時停止改革方案。

法國是個「文憑至上」的國家，在同一年齡層六成的學生有高中文憑，即每年約七十五萬名中有三十萬名（四成學生）沒高中文憑，其中約半數有初職文憑（CAP或BEP），剩下十五萬無任何文憑，他們成為被摒棄的族群。

現連超市徵求收銀員通常要求要有高中文憑。我認識一位法國太太的女兒，高中畢業考沒過，在一家貓狗美容店當助理。另外一位越南籍女孩高中畢業考亦沒通過，工作不穩定，常工作幾個月，就失業一段時期。若是高職畢業，較有機會找到合適的工作。至於有高中文憑但念不成大學的學生，則擴增失業者的陣容，法國年輕人失業率高達二五%。

根據二〇〇四年九月出爐的一項比較四十國的「教育檢視」報告，法國只有三成七的年輕人有大學文憑，與美國六成四、瑞典七成五、澳洲七成七相比，法國甚至遠遠落後於智利、俄國、菲律賓、西班牙、匈牙利和波蘭之後，名列三十，但中學經費卻排名第五。

法國「精英政策」的教育制度出了差錯。「萬般皆下品，唯有讀書高」，崇尚文憑的法國社會文化，輕視勞力工作，尤其在「使八成的年輕人獲得高中文憑」的誘人口號下，職業技能訓練發展不足。高等教育與企業脫節，大學生光學理論。年輕人擔憂前途，二〇〇六年三月「首次就業法案」（C.P.E.）讓數十萬年輕人上街示威抗議、封鎖校園，這是「工作不穩定的世代」。歷代政府試圖教改皆不奏效，法國是個「封閉的社會」（Une société bloquée）。高等學院的學生較不必憂愁職業，他們不罷課、也不遊行示威。

高等學院

除了大學及兩年制專科學校外，高等學院（Grandes Ecoles）是法國高等教育獨一無二的特色。高等學院必須參加競爭激烈的入學考試，最著名的是巴黎綜合工科學校（L'Ecole Polytechnique）、巴黎師範學院（L'Ecole Normale Supérieure = ENS）、國立行政學校（L'Ecole Normale d'Administration = ENA）及商業學校（Hautes Etudes de Commerce = HEC）。

「每年從高等學院畢業的年輕人是法國的人才資源，生動活潑、擁有才華、獨立精神、精確的思想是其特色。」英國王子查理一九九四年來巴黎訪問時，對法國高等學院的讚美辭令他的來賓大吃一驚。他期望牛津與劍橋向「追求完美與機會平等」的高等學院看齊。

著名的巴黎師範學院。

巴黎綜合工科學校

一七九四年國民公會（La convention）創立巴黎綜合工科學校與師範學院。兩百週年校慶時，法國總統、部長、諾貝爾獎得主及大企業總裁總動員，慶祝、稱讚著名的學府。名校栽培出的這些菁英有其特殊用語、校友派系。創校兩百年後其威望似乎已達巔峰，與一般大學的差距從未如此拉大。一方面是民主化的大學需容納越來越多學生，另一方面是經過嚴格甄選、人數不多、享有特權的學生，包括宿舍、研究室、運動設備、薪俸等理想的求學條件。

至今仍隸屬於國防部、有軍校地位的巴黎綜合工科學校，創校宗旨是培養共和國軍隊極需要的優秀軍官。由於師資為傑出的學者，激發學生純粹科學的興趣。十九世紀起學生的志向趨向掌管國家的工業政治及應用科學的發明技術。當今位於巴黎南郊的校園，研究基礎科學的實驗占大多數。最近幾年眾多畢業生選擇研究為畢生職志。至於對法國目前經濟的影響，三成的大型銀行、三成的大眾保險公司、五成六的大型工業財團，皆落在巴黎綜合工科學校校友手中。此校可說是學者、大

著名的巴黎師範學院。

型企業公司總裁及法國人「理想女婿」的溫床。

由於有軍人的地位，此校一年級學生每個月可領四百五十七歐元公費、二年級一千兩百二十歐元、三年級一千三百七十二歐元。與高等師範學院及國立行政學校不同的是巴黎綜合工科學校不只訓練未來的公務員，超過半數的畢業生在私人企業開始其生涯，尤其在財經方面。只要它們接受輔導訓練，就可不必退費給國家。賦予法國最優良學生的特權是否正當？教育部比較高等學院的經費分配而提出疑問。

學校內部組織沿襲創校目的，選擇將來國家最有威望部門的高級官員。於是學生被評分、列名次，以便挑選最優秀的。其他剩下約四分之三，畢業後則從事研究工作或到私人企業就職。

此種奇特的制度在歷史上的確為國家吸引最佳人才，但以二十歲時的成績作為選擇國家及國營大企業未來主管的準則是否健全、正常呢？把上不同學科、在不同機構實習的學生經混在一起列名次是否合理？列名次的專制阻止將來投入私人企業的學生完全發揮教學效果，亦遏阻巴黎綜合工科學校的國際化。學校每年約有四十名外國學生，其中超過半數來自摩洛哥與突尼西亞的法國學校。除了語文外籍教授外，學校只有五名教授在國外獲得學位。在高等教育國際化的時代，缺乏從國外回國的教授將使經競爭力打折扣。

巴黎師範學院

法國革命時代，為抵制天主教教會的影響力，國民公會不期望教士壟斷培植共和國未來人才專制。故創立巴黎師範學院，栽培滿腦子拉丁文、希臘文、熱愛西塞羅、柏拉圖未來教師的搖籃。吸引全國菁英來傳道、授業、解惑，歷史學家、文學評論家、哲學家、甚至牧師，紛紛加入師資陣營。法國全國大感興奮，此校學生屬於國家財產寶藏、智慧、哲理得以充分發展，但虛榮、驕傲與學究氣亦尾隨而至。

烏姆路四十五號（Rue d'Ulm）著名的校址，外觀像省區的警察局。念古典文學的男女學生漫步於陳舊的走廊裡。在這個科技日新月異的時代，巴黎師範學院的氣氛似乎與現實脫節。訓練「思想大師」的搖籃，此學院在二十世紀出了許多領導意識型態的大匠：沙特、亞宏（Raymond Aron）。

克勞蒂斯是兒子小學、國中的同學，她的成績一直名列前茅。高中時她轉學至離家較遠里昂著名的公園中學（Lycée du Parc）就讀。高中畢業考以特優的成績順理成章在此中學的預備班上課，準備巴黎師範學院的入學考，預備班就學兩年之後，她參加競爭激烈的入學考，筆試通過，但口試沒過，於是留在預備班再準備一年。次年在七十五名文組錄取生中她排名二十；其預備班總共有五名被錄取。巴黎著名的亨利四世及偉大路易十四中學預備班囊括逾七成的上榜生。克勞蒂斯是來自省區中學預備班第一名。

她於二〇〇二年七月考入，文組學生七十五名，經濟、商學組二十五名。一年級時有些學生同時修大學的學士文憑。二年級時大多數學生修碩士文憑。三年級時準備中學與大學教師頭銜的會考（Agrégation），克勞蒂斯亦毫不例外走這條路，考中歷史組會考。在師範學院最後一年（四年級）同時修博士學位，她從少女時期就立志當考古學家，未來專長是羅馬帝國在歐洲的省區。論文指導教授在波爾多（Bordeaux），她常去馬德里大學找資料。

博學多聞、滿腹經綸，幾代以來學院畢業生充滿野心，他們不僅可以教育英才，亦可領導國家。與其當個稱職盡責的教師，不少校友把其知識利用在服務自己，而成為政治人物、作家、記者、銀行主管。巴黎師範學院像是國立行政學校（E.N.A.）的先修班。法國政治人物愛舞文弄墨是脫離不了在學院感染的癖性。

為了順應時代潮流，法國唯一的文學高等學院亦採取教學多元化開闢科學系。最近幾任院長皆是科學家，學院享有盛名的實驗室培養出一位諾貝爾化學獎得主。

國立行政學校

被人詬病或讚揚，法國人皆知道國立行政學校。它創立於一九四五年戴高樂政府時代，教學目標是未來高級公務員的職業訓練，課程多元化，注重深入研究。為將來多種主管及生涯作準備，例如包括財務、社會事務、行政等政府各部門的行政主管、掌管司法裁判的行政法院與審計法院、省政府、外交官。不少行政管理能力、出類拔萃的校友，則被國營或私營企業延攬當總裁。

此校競爭激烈的入學考招收三種學生：⑴以擁有大學文學士、碩士文憑或大學校畢業生（通常是政治學院），年齡未滿二十八歲，約五十名。⑵未滿四十七歲，在公家機構至少服務五年，亦約五十名。⑶未滿四十歲，當過八年的民意代表或在私人公司待過，十名。

錄取學生接受馬拉松式的實習訓練課程，結業時依照成績排名次是重大事件，國家提供每名畢業生一個職位，前二十名被分發到享有盛譽的財務稽核部（Inspection des Finances）、行政法院（Conseil d'Etat）、審計法院（Cour des Comptes）；至於成績敬陪末座則到較不光彩的例如農業部負責動物飼料當主管。

課程第一年在省政府（Préfecture）及國外大使館、國際性組織、企業公司其中之一各實習半年。學校判斷每個人的適應能力及解決問題之靈敏性作為評分。大部分學生認為實習經驗趣味盎然，在省政府學習行政機關如何運行。第二年分別在史特拉斯堡（一九九一年成立的分校）及巴黎上課十四個月。進修法律、經濟、歐洲共同體及國際問題，精通未來職業生涯需要的行政管理技巧，同時發展其實際的態度與創造精神。亦需研讀兩種外語。

與其他高等學院不同的是，國立行政學校並沒固定的教授陣容，研究班討論的主持人依選擇的課題而向外招募。大部分的教學皆由高級官員負責。學校每年招收約四十名外國學生，畢業後可獲得公共行政管理的國際文憑。

一位舊任校長在《是否需廢除國立行政學校》一書中批評此校諸多弊端：服務公職的校友與現實社會隔離，他們學得行政管理知識，卻缺乏實地經驗。國家在省區未提供足夠的職位，造成巴黎—省區流動性的阻礙。永久進修非為必要：學校無法把一生的職業知識全盤授出，故需破除二十五歲畢業時已具有一生能運用的萬能知識。

許多校友揭舉結業時列名次的反效果，造成學習時期永遠的焦慮，且形成職業分配兩種速度的不公平制度。鐵飯碗制度降低道德意識；突然安插缺乏專業技能的校友當私營企業主管亦不恰當。一九九九年至二〇〇〇年一百〇三位畢業生中，九十六位曾於次年元月向掌管公務的部長及學校校長提出請願書。他們向最近幾屆畢業生要求廢除一成不變的排名制度。「此制度令從本校培育出來的公務員的情況僵化，它摒除以能力為標準、適應國家需要、利益的其他邏輯。」請願書亦質疑教學品質：「過分重視概括才智及智性的敏捷，而忽略創意、團隊工作、管理規畫、協商及溝通的能力。」簡而言之，該校似乎更加強同業公會主義。

私立商業學校

雖然法國有不少大學設有經濟管理系，但有些私立商業學校（Ecole Supérieure de Commerce，簡稱 ESC）名氣較大，畢業後找事較容易，起薪也較高。優秀的高中畢業生在某些中學特設的預備班勤讀兩年後，再參加商業學校的入學考試。或是在大學念了兩三年有了大學普通文憑（DEUG）及學士文憑後，再參加入學考試，成為商業學校一年級或二年級學生。巴黎的商業學校（ESCP）則招收有學士、碩士文憑的學生，擁有學士學位的外國學生皆可參加入學考試，而成為二年級學生。招生多元化宗旨在過濾、甄選智力強、有個性的候選人。經過三年或五年的嚴格訓練和實習課程，畢業生除了擁有商業知識，亦具有推理與分析能力。

為順應經濟世界化、國際競爭、新的市場趨勢，法國許多商業學校紛紛合併、改校名、課程內容、教學方式。

高等商業學校的縮寫字母ESC在國外很少人認識且難以了解。里昂的商業學校於一九九八年元旦改為企業管理學校（Ecole de Management）。漢斯（Reims）的商業學校則改為漢斯企業管理學校（Reims Management School），強調地域性，以英文命名使學校具有國際性地位，方便與外國學校交換合作，吸引外國學生。除了學校的文憑外，許多商業學校還增設企管學士、企管科學碩士等英語系國家文憑。所有的商業學校都設有國際著名的MBA文憑。

有些商業學校半數的課程以英文教學，有些則在最後一年。有些規定必須在國外實習、上課一年。不少學校期望達到吸引五成以上的外國學生或教授。我有一位法國女友，其女兒是漢斯企管學校的學生，選修中文。在漢斯上了兩年的課程後，第三年到上海同濟大學先念一年的中文加強語文能力；第四、第五年才上中文的商學課程。第五年除了參加學期末考試外，還需繳一篇以中文書寫四十頁左右的論文。

總而言之，一所商業學校越來越像一家中小型企業公司，有其顧客——學生及聘請未來畢業生就業的公司，其產品——不同的課程、訓練，其商標及其行政人員、職員。學校運用企業管理的方式經營一個更複雜的集團。但校長不會忘記其教育目標。商業學校不僅為企業，亦為社會提供人才。

普林斯頓大學歐洲研究中心教授兼主任伊查哈・舒萊曼（Ezra Suleiman），在《點週刊》的訪問中比較美國與法國高等教育的差別。與法國相反，美國沒那種「一旦考入名校，畢業後好的職位就已替他們保留」的高等學院。法國高等學院菁英制度，讓畢業生一生皆被視為菁英，人們從未對其職業才能質疑。美國大學的入學許可標準較主觀，但在未來的職業生涯，人們以客觀的標準來判斷每位畢業被委託的任務，故時時需證實其才能。並非像法國一樣進不了學校，一生的前途就已命定。

亦在巴黎政治學院任教的舒萊曼認為，法國的高等學院制度在開發先進國家中屬於例外，不再符合一個現代國家的需要。現在是個科技日新月異、資訊發達的時代，一個人在大學學過或表現過，就能擁有一生職業生涯的才能，象徵其市場價值，是個不可思議荒謬的政策。法國的制度極不公平：一位考試過關的人就能享有終生的年金，而其他名落孫山者就不再有機會證實其才能。

對來自下層階級的學生而言，高等學院像是遙不可及的學術殿堂，好學生亦不輕易嘗試入學考。有鑑於此，二〇〇一年巴黎政治學院校長德冠（Descoings）破除高等學院一律匿名入學考常規，決定為「特別教育區」（ZEP）學生保留名額，讓低下層階級出身的好學生，有機會進入高等學院，註冊費改成與家長收入成正比，以提高清寒獎學金受惠學生數目。雖然用意良好，但五年之後只有里耳政治學院步其後塵。

二〇〇五年十二月，「設有預備班的中學校長協會」在巴黎開會，討論預備班民主化。會議參與者對巴黎政治學院校長的前衛作法持保留態度。理由是「特別教育區」學生保留名額只限於三十個中學，其他學生無法受惠此協定。他們對巴黎商業學校（ESSEC）發起派遣學生去「特別教育區」中學，協助學生功課的監督輔導政策較感興趣。

雖然不受到諸多高等學院校長的贊同，點子一籮筐的德冠校長與巴黎第六大學合作，開啟文學與科學合併課程。被內政部長任命在巴黎西郊的私立達文西大學實驗「教育機會均等」。他策畫於二〇〇六年九月，在巴黎東北部塞納河—聖德尼開辦一所多元化中學，此實驗中學招收當地學生，教師將是志願前來。他要證實此敏感地帶的好學生，不須越區去他校就學。此計畫與目前讓好學生去別校上課的趨勢成逆向。

中學預備班的艱難路程

在法國，要擠進高等學院（Grandes Ecoles）的窄門難關，光是擁有高中畢業文憑是不夠的。為了應付高等學院競爭激烈的入學考試，一些中學特設「預備班」（Classes Préparatoires），招收高中畢業考優及特優評分的學生。里昂著名的公園中學約九成的學生具有這兩種評分，二〇〇四年及二〇〇五年入學的學生，特優的比例超過優。在兩、三年（原則是兩年，可留級一年）密集課程的訓練下，比較有機會躍上高等學院的龍門。

在預備班就讀的動機為何？五成九的學生宣稱其目標是考進高等學院。其餘的還未計畫未來念什麼，主要是「學習課程」及「教學品質」吸引他們。

學習分析、綜合、思想組織，預備班的課程比一般高三課程還要艱難，學習步調更緊湊，功課更繁重，指定閱讀書籍數量多。再見！中學無憂無慮的輕鬆日子。

從現在起假期並非意味玩樂，這段時期的生活，除了學校外就是竟日埋首書堆中。所有在預備班上過課的學生，一輩子也忘不了那段非常時期。

法國全國有七萬五千名學生，分別在兩百七十個設有預備般的中學就讀，僅占兩百萬名大學生中的三・五%。大部分預備班的學生是理組，五萬名學生專攻高等數學及特種數學。他們的目標是較著名的巴黎綜合工科學校、中央學校（l'Ecole Centrale），礦冶學校及其他兩百個工程師學校。

一萬五千名學生是商學組，其目標是巴黎三個著名的商業學校，省區的商業學校則次之。剩下一萬名文組學生則瞄準巴黎師範學院（一千三百名考生只錄取一百名），或里昂的師範學院。有些學生同時亦參加極有威望的巴黎政治學院（IEP）或省區政治學院的入學考。

能被著名中學「預備班」錄取，可說走過不少艱辛路程，名校顧及校譽，故只錄用成績優良、潛能性極佳、學習動機強烈的學生。雖然所有預備班課程皆一樣，學生程度則差別相當大。

教師則擁有碩士學位，且通過大學及中學教師的一種學術考（Agrégation）；

普通中學教師擁有學士學位及通過中學師資考試即可。當時考試名列前茅者則被任命到考績優良的中學預備班。其薪俸比普通中學教師高出很多。這些具有強烈教學意願的教師，不計時數授與高水準的課程，與學生有休戚相共的情感，就像他們本身要參加考試一樣。

從國一到高三每學期成績皆受到導師的祝賀評語，這種學生則有機會進入巴黎最著名的亨利四世及偉大路易（十四）中學預備班就讀。四顆星級的中學受到優良學生的垂青，他們千方百計想踏入「高等學術殿堂的前庭」，換句話說願意犧牲兩、三年的青春，像苦

里昂著名的公園中學。

役般從事智力的勞動。

亨利四世中學只在四千名報名學生中錄取七百名。凡爾賽城著名的私立聖日內維也芙中學，則在一千份報名表中取一百名。有些成績不錯的高三學生，為獲得更優良的成績，自動留級，以為這樣較有機會進入名校的預備班。但優良的預備班幾乎不太愛留級生，學生的年齡極重要。至於跳兩、三級的學生，名校的大門為他們敞開。偉大路易中學一位教育輔導員說，每年約有兩、三位天才遠遠超過他人。他們不抄筆記，每天只用功半小時，只上一年級的預備班就考上高等學院。

名校嚴格甄選學生，結果是亨利四世及偉大路易十四中學囊括巴黎師範學院四分之三，及五分之一巴黎綜合工科學校錄取生。要達到進入最著名的大學校的目標，在預備班上課壓力很大，不僅成績要好，且要超過他人。學生被評分、排名次、下評語、歸組，例如亨利四世中學文組一年級四十名學生，僅有二十五名升上二年級。半數理組學生則被退學或轉校。「預備班是種排名次的機器，這是法國特有的專長，沒一個西方國家發明過這種殘酷、特別的制度。」一位在預備班具有多年教學經驗的老師下如此評語。

一星期上三十至三十五小時的課，加上口試、到黑板做功課、在家複習及做功課約三十小時，總共是六十至七十小時。學生要有健全的身心，才能應付緊湊的學習步調。連週末假期也甚少娛樂。有的學校規定一星期需上兩小時的體育課，讓學生舒展一下筋骨。

除了學校功課外，尚有其他興趣的學生，較能忍受緊湊的步調。心靈較脆弱的則陷入沮喪，無勇氣向外求救或向他人吐露心事。家長和教師不一定注意到。若只是過渡時期，藉助時間可度過難關，否則需服鎮定劑，百憂解或心理分析治療。精神異常、行為怪異、自殺……等是極少數的例子。

為人父母者私底下希望，孩子能進入訓練監督嚴格的預備班，他們深受「高等學院是唯一的出路，普通大學教育沒什麼前途」觀念的影響。但預備班並非適合所有的學生，精神治療師提醒家長，注意預備班追求完美的密集訓練，會阻礙某些青年「青春期人格的正常發展」。

備受爭議、費用龐大、有害年輕人身心、一試定江山，此種選拔國家菁英的制度，是否有其繼續存在的理由。每位預備班的學生每年耗費一萬兩千歐元的公款，大學一、二年級學生才花費一半。一切以準備入學考為目標，預備班像「溫室效果」，缺乏其他高等教育具有創意、研究的指標。四成七的學生承認只是一味K書。預備班學生孤處在他們的世界，不看電視及報章雜誌，缺乏文化活動，根據一項調查四成三的學生，一個月最多只外出一次。雖然智性增長不少，但人格發展則不臻完善。

預備班課程極注重數學、科學、抽象及一般知識，養成學生只是應付考試、符合潮流的服從態度，缺乏批判精神、創意與想像力。

學生的家世亦是人們議論的焦點，雖然教育民主化，舉亨利四世中學一個班級為例，三分之一學生家長職業是高級主管或自由業，三分之一的父母是教師，另外三分之一是職員。著名中學裡教師的子女占多數，因教師熟悉升學管道，知道哪些中學較好，也會驅策孩子衝刺。就全國預備班而言，兩成的學生家長是企業老闆或自由業，四成二是高級主管，一成一是教師或研究員（須擁有博士學位），換言之，七成四來自上層階級，此階級在大學生人口則占四成八。五〇年代國立行政學校及巴黎綜合工科學校，有三成學生來自下層階級，一九九五年比率下降至九%而已。

里昂著名的公園中學。

預備班學生的前途呢？視何組而差別極大。文組的學生近半數只念一年，三年之後，三分之二的學生在大學學士班或碩士班註冊。至於理組及商學組，三年之後，八成的學生皆進入高等學院就讀。

奧利佛是我在健身俱樂部認識一位法國太太的兒子，他於二〇〇三年持高中畢業考優的成績，進入里昂公園中學的預備班就讀數學、物理班（共有四班），一年之後依成績分星級班（兩班）及普通班（兩班），他被分到星級班。二〇〇五年七月考上里昂中央學校（l'Ecole Centrale），班上九成的學生皆考上高等學院。

高等學院是法國獨特的高等學府，為它而設的中學預備班亦是世界獨一無二的學制。若想當醫生或當律師，高中畢業考過後，可直接進入公立大學醫學院、法學院學習。外子一位同事的兒子，二〇〇五年六月通過里昂第一大學醫學院一年級激烈的淘汰考試。他於二〇〇三年九月入學，第一年沒考過，留級一年捲土重來，終於在六百五十名參試者錄取八十名中脫穎而出，名列第十八。他父親請同事喝香檳吃小糕點慶祝兒子金榜題名。

理科越來越不吃香

每年二月下旬冬季假期結束後，法國高一的學生需決定高二的分組：理組(S)、法商組(ES)、文組(L)。在這三組中理科學生人數最多占五成。很多選擇理科的學生並非興趣使然，而是認為大學或其他高等學府理科的科系較多，較有選擇餘地。

結果是一旦高中畢業文憑到手，最近幾年真正去念理科的大學生人數卻逐漸減少。雖然此現象並非法國唯一獨有的，但已引起教育界人士的擔憂，紛紛思考問題的由來，尋求解決途徑。

一九九六年至二〇〇〇年間，在大學三個理科：自然結構科學、工程與技術科學、生命與自然科學註冊的學生減少一成四，數學系減少二成六，物理化學系則減少一成一，而大學的學生人數才減低三%。當然每所大學增減比率有差異。雖然為準備大學校入學考而設立的中學預備班，現象沒那麼嚴重，但與一九九六年四萬八千名學生相比之下，一九九九年降至四萬四千名。

二〇〇〇年大學註冊開學之際，最近幾年頭一次理科學生稍微增加，但法國教育部長並不因此而放棄應付政策。他著手成立兩個對症下藥委員會，分別由高等教育部門及科學院院長擔任、主持。工程師大學校亦發起討論會。

除了幾位女研究員及女工程師，尤其掛慮科學系已成為女生的沙漠，直至目前，似乎沒有人真正研究此問題。自從一九九八年以來，省區的大學院（**Académies**）被上級鼓舞修改學生升學選組制度，以鼓勵科學志向。此外六所大學志願以理科一年級作為實驗，分成小組上課及發展監護人指導制度。雖然一年級學生升級的成功比率已見改善，但這些方法還未能收到立竿見影的效果。

理科越來越不吃香的原因何在？根據實地勘查結果：⑴科學系的光輝已消失，長久以來科學象徵進步，當今則代表惡；人們不再憧憬科學。⑵它涉及教學方式，「在中學，科學被當作學業成功的唯一因素。其學分尤其權充升級工具。而且其教學概念極公式化，像是需強記的公理而與其他教學無關連；而不是文化、有意義歷史中穿插的知識。」巴黎第七大學一位教授兼科學院生命景象基金會總代表樂古爾

（Lecourt）如此揭發。

小學階段雖然只有一成三的教員擁有大學理科文憑，但學校發展「動手去做」的實驗課程。中學時教師無法讓學生了解科學是活的科目。根據一項針對中學生對大學科系印象的調查，介於高一與高三其間，科學的形象大幅變質。

至於在大學念理科的學生，由於中學與大學的教學方式截然不同，在缺乏信心準備的情況下，他們茫然迷失。缺乏科學知識不是問題癥結，他們推理能力不足，中學時習慣做模仿的練習題。大學階段則被要求具有示範論證的能力。這可解釋為何有些理科學生考試無法過關的原因。

理科學生人數遞減實在可惜，因職場不乏這方面的工作，無論私人公司或公家機構皆需要這方面的人才。雖然當今工程師的社會地位可能沒有學商或法律那樣吃香。

在求學過程中女生比男女用功，成績也較優秀，但在高一分組時她們較傾向於選擇文科。雖然通過高中畢業會考理科的女生人數占四成三，但在大學念理科只有二成。至於男生有兩成八選擇準備高等學院入學考試的預備班，其中兩成六就選擇理科。女生只有一成六選擇預備班，其中理科占一成二。

女生缺乏信心，大多數認為理科太難，亦沒雄心壯志。對於理科文憑在職場的市價與出路認識不清。男生競爭力較強。此外家庭及某些教師的影響亦不容忽視。根據國家統計及經濟研究機構一項調查教育經濟的結果，強調高中時期做父母的期望孩子未來的前途，七成的男生被希冀有科學生涯，女生才四成五。許多家庭夢想兒子能進入巴黎綜合工科大學或國立行政學校，但很少女兒被期待如此。男生似乎較敏感家庭的期望。

當人們詢問中學生未來的職業藍圖，大多數女生傾向於服務業方面，男生多選擇科學界。教師通常亦不鼓勵女生朝科學界發展，她們也是這麼認為。

從歷史淵源來看，高等學院理科招收女生是最近幾十年的事。七〇年代初期女生進入工程師學校是極例外的事實。從此高等學院理科可看到女生，但其人數增長極緩慢。

在「父母對男女孩的教育模式」一項研究調查，現代父母無疑認為受教育對男女孩一樣重要。但當「你期望你的兒子（女兒）成為怎樣的人物」問題被提出時，男孩大多數被指望職業成功。至於「對年輕人未來幸福最重要的因素」，兩性差別

里昂國立應用科學學院。

極大：對男生而言，物質上的成功（職業與金錢）與家庭幸福（有一位相處和諧的伴侶及孩子）一樣重要。至於女生，家庭幸福的重要性幾乎是職業成功的三倍。

里昂國立應用科學學院（INSA）慶幸擁有三分之一的女學生。在這所培養工程師人才的學校，就像其他的大學一樣，女生較愛選讀生物、化學或環保，而放棄困難的學系。但選擇機械系的人數比其他學校還要多。高中文憑到手後可直接進入此校，求學期間五年，符合女生不愛參加高等學院競爭激烈的入學考之傾向。為了使某些系更具吸引力，此校還成立音樂研究、舞蹈研究及戲劇等系。

如何使中學生對理科有興趣？樂古爾教授提供兩項緊急措施：第一、在科學教學過程中加入哲學概念，使學生重新把科學與社會討論聯想起來。第二、讓學生多認識私人公司及公營機構的職業。教育部高等教育負責人亦提供「迫切改善中學與大學之間的關係」的處方。

若四、五年之後，理科學生還是停滯或遞減，法國的基礎科學研究將會蒙受嚴重的後果。

人才外流

世界第四經濟強國的法國，自從幾年以來它的人才繼續外流。人才外流不單是法國現象，它是歐洲現象，歐洲目前約有九十二萬名研究員，另外有四十萬名歐洲研究員在美國工作。在當地寫博士論文的歐洲學生七成五願意留下來，比起一九九〇年才五成的學生，比率提高了。美國是人才嚮往的國度。

愛滋病毒發現者蒙太尼耶教授（Montagnier）被國家科學研究中心（CNRS）強迫退休後，到美國繼續研究，美國提供他良好的研究環境和經費。法國典型的官僚決策，忽視人的因素。

另外一位在里昂醫學院出身的癌症專家，在波士頓研究時有了重大發現。他回到巴黎卻找不到一個適當的研究職位，在前途不穩的情況下，唯一的解決方法是再度橫渡大西洋。他在波士頓遇見許多工程師、年輕研究員及醫生，由於在法國找不到適當的職位或缺乏經費補助，他們不得不留在美國工作。

法國每年約有一萬名科學博士畢業找事，其中九成處境不穩或失業。很多人試著去美國發展。地大物博之國展臂歡迎世界各地的研究員，千方百計吸引最佳人才。在那裡，創業精神極受重視，實驗室像雨後春筍般紛紛崛起。

一位物理學家兼原子專家與他指導的幾位研究員，在法國實驗室發現一個在各種工業部門甚具革命性進展的電腦程式。四年之內需要六十一萬歐元的研究經費，物理學家四處尋求補助，由於投資期間尚未有電腦程式運用成果，法國銀行家不願承受其風險，至於政府亦設置重重障礙。在絕望下，這位原子專家不禁想起矽谷四萬名法國研究員、工程師，他們是逃避一個不鼓勵創業精神的國家。

不少到美國研讀的法國學生有獎學金或補助費，一旦他們修完博士學位或博士後研究，若有較

橘郡古羅馬劇場。

高的薪水、較佳的工作條件，他們選擇留下來。法國政府逐漸意識到人才外流的現象，「醫學研究基金會」於一九九七年設立促進人才回歸的助學金。外交部負責海外求學部門承認，政府沒有周詳計畫人才回歸的就業問題。

到北美研究或實習的法國青年強調，這是必須的過程及未來履歷表的一部分，代表流動性、視野廣闊、承擔風險的能力。這亦是等待進入法國研究機構之前，繼續研究的一種方法。

法國公家研究機構或實驗室僧多粥少，已呈飽和狀態。例如一九九八年就有一萬一千名擁有博士學位者，去應徵三千五百名職位。如此競爭激烈之下，求職不成者，只能接受博士後研究，兩千三十五名研究員採納此種解決之道，其中七成到海外研究。此種短暫的合約很容易再續約，實驗室、外交部每年提供約兩萬三千歐元的助學金給每名博士後研究員。

為何法國當今無法像美國一樣提供有才華的年輕人成功的環境或機會?英美世界是個極自由的社會，法國的制度是國家干涉主義，統治經濟、自以為是、缺乏遠見。重視創造精神、發明、尋求新的市場，高薪酬償敢承擔風險的人而不課重稅，經濟上的成功被社會認同，美國到處可看到這些例子與現象。可惜在法國是邊緣現象，英美的文化因素，例如矽谷及波士頓高科技的郊區，極吸引具有創業興趣、想實現理想、進行更深奧、有前途的研究而致富的法國年輕人。如此一來，法國高科技人員及發明公司創業者將慢慢枯竭。

美國的科技環境看重研究，把發明變成專利及新產品，加州一些大學校園裡不少教授、科學家在其生涯中，曾成立過一、兩家公司。矽谷有幾家公司從事基礎研究與應用研究，創業精神與知識的進展，企業與大學在一個創新、競爭的氣氛下互相配合，而具有振奮效應。在美國，人們有接受創意的開放思想。

至於研究計畫、實現計畫需要的資金，美國是風險資本的樂園，換句話說贊助方式十分適合革新、高科技，對於提供資本者及企業創造者極具鼓勵作用。法國對於投資公司的減稅尚在啟蒙階段。

法國每年約有四萬至五萬名有高等文憑的年輕人移民到外國，例如著名的巴黎高等商業學校（HEC），二〇〇二年剛踏出校門的畢業生有兩成選擇到國外就業，經濟世界化，他們在校曾到海外實習或學生交換計畫有機會到國外研讀，說得一口流利的英文。他們明瞭某些國家的經濟比法國更蓬勃，較有成功的遠景，於是毫不猶豫去國外冒險。

此外法國年輕人感覺到一旦在國內就業或創業，必繳納高額的稅金以保障年老一代的退休金、資助費用龐大的社會保險以提供失業者的補助金。在一個以如何提高社會補助金及社會如何分配工作，作為政治主要議論的國家，年輕人怎麼會有創業及致富的動機？他們拒絕執政者提早退休年齡、減少一週工作時數、悲觀、自私、維護既得利益的言論。

改革一個失調的社會合約不是件易事，發起一個國家的「心態革命」更是難上加難。一個人才、資金外流、墨守成規的封閉社會，若不及時拉警報，法國不久將退化成一個未開發的國家。

當教師崩潰時

每年開學之際，法國中學生及教師示威遊行已成慣例，各種媒體爭相報導教育制度的弊端：學校是暴力、敲詐勒索的不安全場所，教育無法與企業相配合。當過哲學教師的莫里斯・馬其諾（Maurice Maschino）於一九九二年、九三年陸續出版的《學校是製造失業者的工廠》、《當教師崩潰時……》，事隔十多年，至今在法國仍然是熱門話題。後者道出當教師的困難（尤其是位於問題叢生的郊區中學），心情不佳、疲倦、沮喪、發狂與妄想是共通的症狀。

二十八歲的冉維爾是位年輕的法文老師，兩年前通過法國大學與中學教師頭銜的競爭考試（Agrégation）後，被派到巴黎東北郊一所名氣不太好的中學任職。兩年教學經驗之後，他想辭職。

兩年前從巴黎高等師範學院畢業後，他放棄修博士學位，選擇教職。當時一股熱忱，經不起現實的衝擊，失望越大，雖然大學時曾輔導過學業困難的學生。

他教高一班，學生有的準備一般的高中畢業考（Bac Général），有的準備技術的高中畢業考（Bac Technique）。此班學生素質差，無強烈的學習動機，法文程度低，一生中大概只看過一、兩本書，字彙不到三百個。

學生程度低落，致使教師感到無力，甚至精神崩潰。

授課不到十五分鐘，不是學生大聲喊叫，就是手機響，在這種情況下如何發展邏輯思考，不僅令教師身心疲乏，且引起自信的挫折感，想像在一小時內面對著二十五位心神不定的學生講解，教師感到孤單無助，晚上回到家沮喪感油然而生。在大學時期學了不少知識，熱愛文學，你被教導如何傳道、授業、解惑。但在中學面對的是你的熱愛被否定，你的知識無發揮之處。此時你不禁對教職的合法化提出疑問。

來自高樓聳立、人口擁擠郊區的這些孩子，很多是北非阿拉伯及非洲移民的後代，學校代表居住公寓以外世界的接觸面，它凝聚所有的反叛；反抗文明和資產階級的社會，反抗法文。這些學生有很多人感到不自在，有的甚至意志消沉。他們有青春期危機，對教師具有愛恨的情感交集。有的學生家長根本不會講法文。

這些學生需要嚴格的紀律，他們期望教師像警察。但是你的家教、學校教育並未讓你有此種心理準備。你的家規並非極嚴厲，你求學一帆風順。但面對來自有問題郊區的孩子，他們希冀教師像黑社會首領一樣引人懼怕與尊敬。有的學生已有不良紀錄。

冉維爾任教的中學，少數教師具有強烈的教學動機，但不少卻感到無能乏力。資深教師抱怨學生程度低落，但還是持續教職至退休。年輕教師時萌生留職停薪意念。至於放下教鞭是項艱難的決定，教育部讓你有罪惡感，並且民生問題尚待解決，他們還是硬著頭皮留下來。有些在教師休息室精神崩潰，而時常請病假。

娜坦莉二十九歲，滿腔教學熱忱。從巴黎高等師範學院畢業後，亦通過現代文學教師頭銜的競爭考試，上了一年比較文學博士班。在大學一、二年級教比較文學，在三年內若沒提出博士論文，則需離開大學教職。她選擇生兩個孩子及在高中教書。

她起初在巴黎一所中學教高一班作為教學實習，學生有學習興趣、好奇心。她與學生一起觀賞戲劇、參觀羅浮宮。她有傳遞知識的使命感。

一年之後她被派到巴黎東南郊一所高職教法文。她負責四個班級，雖然每班學生只有二十五名，課堂上沒大吵大鬧、肢體侵犯，但粗言粗語、謾罵令人受不了。叫他們拿出筆記本、買法文講義夾、不要講話、勿把雙腿翹在桌上、買教科書……等，都是問題。只要少數學生起鬨，整個班級就隨之起舞。

學生時常發問：「老師，念法文有啥用？」「念莫里哀有啥用？」每次只要他們做家庭作業，則怨聲載道：「老師，我們已經有很多功課了，您不能再增加負擔！」奇怪的是學生似乎認為數學較有用，較有價值。在高職教法文不是理所當然。

娜坦莉有時不禁自問：「我到底在這裡做什麼？」在特別有問題的那一班，每堂課皆是考驗你的耐心。未踏入教室門檻之前，她已精神疲倦，上課時巴不得鐘聲快點響起。晚上回到家更是精疲力絕。雖然校長支持她，禁止起鬨的學生回到課堂兩、三天。但任何懲罰改變不了課堂氣氛。

她的調職申請沒被批准，她繼續撐下去，與學生保持適當距離。此外她在另外一所準備高等學院競爭考試中學特設預備班，一星期教兩小時法文。在那兒充電，找到些許熱愛教學及傳遞知識的共鳴。

但是她不禁自問何處是其前途，雖然累積了痛苦與豐富的經驗，是否能永遠繼續下去。

我的鄰居在一所私立國中教法文，有一天我在散步時與她相遇。她說整個下午改作業，學生素質低讓她洩氣，當學生拿到五分或六分（滿分是二十分，須十分才及格）時，他們還嬉皮笑臉，不當一回事。班上有一群學生上課沒興趣、不專心，她束手無策，疲乏無力感令她心灰意冷，有機會就在附近公園、河岸散心、解悶。二月兩星期的冬假她就留在家，她說體育課的教師就不須改考卷、作業。她道歉向我發一大堆牢騷。

根據官方統計數字，當前有一萬六千名教師患有嚴重的精神病。城市比鄉下，女教師比男教師更容易崩潰，教文科比教理科更容易出問題。官方數字只是冰山一角，因它只計算住院與長期休假的教師，事實上還有更多洩氣的教師，受著氣喘、腰痠背痛、疲憊不堪、失聲、焦慮等痛苦的折磨。在職業生涯初期，精神不正常的教師為其他職業的雙倍。教師為何變成使人發瘋的職業？

教師職業不再擁有往昔的威望，教師不被尊重，薪俸不高是事實，但主因還是來自心理方面。教育部醫療保險的精神醫生，傾向於在患者身上找出病因：例如童年、婚姻生活、離婚，但教師並未比一般人更具有罹患憂鬱症的特別體質，是工作條件與環境使他們變得脆弱。有的以嗜好杯中物或吸毒來解憂。教育當局不知如何應付教師的苦惱，其態度是保持緘默，校長則假裝沒看到，督學則拒絕知道。不敢正視學校問題是種虛偽的行為。

二十世紀初期法國作家佩吉（Péguy）說：「現代真正的冒險家不是探險家，而是父親，因為他必須單獨面對逆境，負擔眾多子女的生計、教育及家庭生活。」

二十世紀末，一位年輕教師若被派到容納多種國籍學生的學校，堪稱為勇氣十足的冒險家。

學生從街上、電視上學來的侵略性，使教師已不再具有威信。自從一九六八年五月發生學潮之後，原本擁有父親般權威的教師變成學生的哥兒們，或像學生一樣，結果是威嚴掃地。處於家長的壓力、校長的謹慎態度、愛滋事擾亂的學生，以及吹毛求疵的行政當局之間，加上由左派掌握的強大學生工會阻礙歷任政府提議的改革方案，教師的夢想與抱負很快就破滅了。

數年前，有家通訊社的兩位記者在巴黎東北郊的一所中學待了一年，拍攝《教師的生活》紀綠片，這一部非比尋常的影片堪稱為「郊區聖人英雄式的戰鬥」，所有的教師皆承認他們的職業是世界上最美好的，但如果每天能有半小時真正在傳道與解惑已經算是奇蹟了。身為今日教師除了教育英才外，還要充當社會助理、心理學家、牧師、警察等多種角色。這部影片強而有力地證實郊區的貧窮問題、複雜的家庭狀況、融入社會的困難因素，繼續影響知識的傳遞。

七百萬名文字殘障者

在國人眼中，法國是個高科技先進國家，其子彈列車、空中巴士聞名於世，也是諾貝爾文學獎得主最多的國家。法國文學與英國文學是世界上最著名的。法國卻有七百多萬人是文字殘障者，占一成以上的人口，其中包括三百五十萬名學生在閱讀上有極大的困難與障礙。

「文字殘障」（**Illettrisme**）於一九八三年正式被使用，它指在看與寫有極大困難的人。與文盲（**Analphabête**）相異的是，這些人進過學校，但離校後就與文字絕緣，故漸漸失去其用途，以致無法了解日常生活中一篇簡單的文章或報導（聯合國文教組織的定義）。二十六個字母構成的字就像艱澀難懂的象形文字。

法國教育部每隔兩年舉行測驗小學三年級及國中一年級（相當於台灣小學六年級，因法國小學是五年制）學生能力。小學三年級測驗結果，五成五的學生能掌握文章大概的意思、動詞及時式，僅有一成一能完全了解及區分言外之意，約兩成沒學到文字基礎，更遑論未來能正確閱讀報紙、雜誌、書籍。至於國中一年級的學生呢？三分之一無法正確運用動詞變化，半數能完全掌握課本的內容，換句話說另外半數無法順利閱讀，小學五年的時光沒學到什麼。

根據「國家統計數字與經濟研究機構」一九九七年針對十八、九歲男孩入伍受訓三天測驗結果，一成以上有閱讀上的困難。

文字殘障是現代文明的傷疤，亦是嚴重的社會問題。

為何那麼多法國人是文字殘障者呢？是否教育制度有問題？一位資深教育家認為應該重新建立留級制度，程度不夠的學生，不要由於經費的原因而讓他們升級。新的教育方針只固定教學目標，而沒顧慮到學生的水準。法國小學幾乎很少學生留級，程度差的念了幾年就可自動進入國中。國中時家長須向學校書面申請讓子女留級。結果是不少學生順利升級而沒擁有穩固的基礎。他們浪費好學生的時間。由於本身程度不夠，趕不上進度反而帶來沮喪、挫折感。

「國家科學研究中心」（CNRS）一位研究學生書寫困難的心理學家，具有在學校實地勘查四十年的經驗。退休之際才驟然意識到，學習困難不僅僅是醫學、社會、心理方面的因素，學校出了差錯是主因。

一些能左右教育政策決定的教育家、知識份子，他們的意識型態不贊同往昔重視服從、紀律的教育方式，認為只是培養勤奮工作、乖巧的公民。法國現盛行的新教學法是他們所提倡的為了避免填鴨式的教育，學童不必背誦功課、強記學習，只要了解就夠了。此外取代師範學校培養師資的「教師訓練學院」（IUFM）亦放棄傳統的教學方式。

一九八五年成立的「優先教育地區」（Zone d'Education Prioritaire = ZEP），在城郊不安全、經濟較差地帶的學校，賦予較多的經費及教師。與一般中學不一樣的是，基本學科的時數減少了，其他類似「不吵鬧上課」、「公民課程」、「不含侵略性的說話」、「課外運動」、「課外學習」……等活動卻相對增加。住在此地帶的好學生無法接受正常的教學方式，學習效果不堪想像。

文字障礙在日常生活帶來諸多不便與困擾：填寫醫藥保險退費單、了解藥品說明書、開支票、看電話簿、火車時刻表、小啟事、看電影、在城中找路……等皆

文字障礙於日常生活中帶來諸多不便與困擾。

成大問題。找職業更是難上加難，不易參與社會的經濟活動，成了社會邊緣人，他們感到羞恥、氣憤。

四十八歲的凱文識字不多，當他上餐館看不懂菜單時，為了不讓人知道他的困境，請侍者建議菜色。不會填寫支票，藉故忘了帶老花眼鏡，拜託侍者替他寫，他再簽名。文字殘障者常會使用一些小技巧，掩飾他們的缺陷、羞恥。

文字殘障者亦是公共衛生的敵人，它形成接受醫療及醫療進步的障礙。所有的醫護人員皆同意貧窮與疾病之間密切的關連，雖然越來越多人有醫療保險，但貧窮與疾病的因果關係並未減輕。文字殘障者不知去何處求診、申請社會補助。他們也較一般人早衰。

有些地區的「互助保險公司」與「職業與家庭地方協會」合作，開闢「健康講座工作坊」，引發參與者對自身的健康情況越感興趣而發問。預防疾病及嗜毒、一般衛生情況、可認識身體及醫療制度是主題。

提倡公共衛生需透過對話與書寫。對抗文字殘障可收到較佳的預防效果。

瑪德琳五十七歲只有小學文憑。以前的職業是打雜女傭，已退休多年，現每星期三照顧兩個上小學的孫兒，假期時也會接近他們。離開學校數十年，平常偶爾翻閱雜誌，早已與書本文化絕緣。她想督促孫兒功課，但力不從心，下定決心重拾書本。每星期兩天搭公車去離家十公里的「文字工作坊」學習。受到社工的指導與鼓勵，與她有同樣處境的人休戚與共的感覺，上課絲毫不敢鬆懈怠惰，自己也頗為自豪。慶幸有勇氣走出無知的陰霾，不久將撥雲霧見天日。

貝亞崔絲二十八歲，育有三個孩子，現在懷第四胎，丈夫是瓦匠。十五歲時離開學校，十六歲時就結婚。她從未喜歡過學校，因她總是碰到打她的惡師，因而害怕上學。她學過修理鉛水管，因缺乏興趣而中途放棄。

有了孩子後她後悔書念不多，無法指導他們的功課而感到羞恥。她費時許久才覓得「對抗文字殘障協團」，在提高「數學與法文水準的訓練班」上過兩個月之後，可以加減乘除法計算，也漸漸懂得文法規則。她承認離學校太久要重新上課起初極困難，但後來漸入佳境。孩子佩服媽媽的學習勇氣與毅力，也懂得「書到用時方恨少」的金科玉律。

結論：法國的社會模式

二〇〇五年十一月法國郊區青年暴動、焚毀汽車、破壞商店。二〇〇六年二月立法院通過「青年首次就業法案」，此法案宗旨在解決未滿二十六歲年輕人嚴重的失業問題。大學生、中學生、工會反對此法案，舉行全國示威抗議遊行。工會邀請公營機構會員於三月二十八日加入全國大罷工。三十一日總統席哈克簽署這項法案，但要求立法院將解雇期間降至一年，並要求雇主提出解雇理由。在野黨呼籲四月四日再度全國大罷工。這兩項社會騷動與社會活動使法國成為舉世矚目的焦點。也引起西方其他國家的驚訝與訕笑。

為何在西方大部分國家行得通的政策，在法國卻無法執行，這要從法國的社會心態說起。根據美國馬里蘭大學（University of Maryland）針對全球二十個國家於二〇〇五年六月至八月做的一項調查（Global Scan）：法國是最反抗企業自由與市場經濟這兩項世界經濟制度的國家，僅有三六％的法國人贊同，其他國家分別是：中國七四％、美國七一％、英國六七％、德國六五％、西班牙六三％、義大利五九％。法國是個自發性反對資本主義、經濟自由主義的國家。

法國政府干涉社會經濟活動，可從其公務員龐大數目創世界紀錄見端倪。三分之一的年輕人就業願望是當公務員。一週三十五工時逐漸改變法國人的工作概念，就業是一種束縛，它不再是實施自我的先決條件。此氣氛助長反抗經濟全球化及拒絕延長退休年齡。

社會瀰漫的口號是「平等」、「互助」，寧願補助失業者而不鼓勵卑微的工作，是法國社會慈善制度的特色。為了給付失業救濟金，中小企業須繳納不輕的稅金。小工作（卑微工作）在法國無法大量發展，縱使工作者無一技之長，法國法律規定企業或商店須付七・六歐元（約三百〇四元台幣）時薪，月薪約一千一百歐元，加上支付社會保險，實際上雇主一個月須付出一千五百歐元。此法令在服務業例如餐廳造成的弊病後果是菜單價格高昂，或速食店欠缺人手，須付無技能者一定的薪資意味讓他失業（若雇主無法獲得盈利，寧願缺員工），這稱為「可雇用性」。

二〇〇〇年六月，國家統計和經濟研究機構兩位研究員發表一項「法國的失業」報告，二三％二十五歲至四十九歲失業者的失業原因是，他們要求的薪水低於法定的最低薪資。廢除最低薪資在法國是禁忌的爆炸性話題（當初立法用意是保護卑微工作者受到雇主的剝削）。此報告的結論是採取修改無技能者最低薪資措施，可創造約五十萬個工作機會。

但在一個偏愛失業，寧願犧牲服務業的國家，它難以接受評言。

英美付給無技能者七百歐元的月薪，雖然低薪，但他們能在工作時學得職業經驗，進而改善其生活條件。法國迫使無技能者處於領失業救濟金的失業狀態，英美國家的無技能者以貧窮的工作者進入職場，法國卻以貧窮的失業者或處境不穩的貧困者遠離職場。法國的知識份子與統治者認為貧窮的失業者比貧窮的工作者更有尊嚴。這是兩種截然不同的社會心態，亦是法國失業率一直高於英美之故。

不重視低微的工作與學校教育的菁英政策有關，它形成法國的文化根源。法國許多政治領導者皆是高等學院出身，他們是經濟、社會政策的策畫者。

在法國，一位教育程度低、領取參與社會的最低薪者（Revenu Minimum d' Insertion = RMI），想當流動商販賣三明治。法國法律規定的十一道程序，將令這位沒什麼學識的庶民洩氣。首先他須通知領取社會補助金的機構，請他們準備一份投入社會的合約，且申請「地方參與社會協會」的許可。然後靜待兩個月看其申請是否批准。接著去勞工、就業及職訓處拿享受顧問的受惠券。在勞工、就業及職訓處提供的一個機關協助下撰寫他的就業計畫，若不遵照此程序，他無法享有減稅。然後去區公所申請販賣地點，到警察局讓其車輛受食品管制局檢查，去工商協會註冊登記。去稅捐處選擇付稅及附加稅（TVA）方式，再回到警察局呈報其註冊證書而獲得當流動商販的准許。

若無稅務顧問，這位可憐的庶民是理不出什麼頭緒來。此意味國家花錢創造行政手續之繁瑣，然後再度花費幫忙小老百姓對抗此繁複程序。此種不文明的行政手續讓想創業者裹足不前、退避三舍。

左派政府的策略是課富翁重稅，後果是大老闆、企業家資金流向英國、比利時、盧森堡、瑞士……等國家，或工廠往外移，剝奪了法國中層階級的工作機會，左派政策意圖捍衛的階級卻成為犧牲者。設想一週三十五工時可讓更多人分享職業大餅，降低失業率。天真的經濟論調經不起時間考驗而失靈。至於右派政府採取的是權宜措施，非大刀闊斧式的改革。加上工會的龐大勢力阻改革、築路障，法國處於故步自封、與現實脫節的狀態，法國人明知其社會型態無法永遠持續，但拒絕讓社會現代化的改革。

高寶書版35週年慶，百位名人聯名同賀

2006年，謝謝您與我們一同慶生，許下「出版更多好書」的願望！

卜大中（蘋果日報總主筆）
丁予嘉（富邦金控首席經濟學家）
丁學文（中星資本董事）
王文華（作家）
王承惠（中華民國圖書發行協進會理事長）
王子云（台灣雅芳公司總經理）
王桂良（安法診所院長）
尹乃菁（節目主持人）
方蘭生（文化大學大眾傳播系教授）
平　雲（皇冠文化集團副社長）
江岷欽（台北大學公行系教授）
朱雲鵬（中央大學經濟系教授兼台灣中心主任暨作家）
何飛鵬（城邦出版集團首席執行長）
何　戎（節目主持人）
李家同（暨南大學資訊工程系教授）
李慶安（立法委員）
李永然（永然法律律師事務所律師）
汪用和（年代午報主播）
辛廣偉（中國出版研究所副所長）
周守訓（立法委員）
周行一（政治大學商管學院院長）
周正剛（金石堂圖書股份有限公司董事長）
周　璜（星空傳媒集團台灣分公司總經理）
范致豪（明志科技大學環境安全衛生室主任）
吳嘉璘（資訊傳真董事長）
柯志恩（作家）
林奇芬（smart智富月刊社長）
金玉梅（天下雜誌出版總編輯）
侯文詠（作家）
郎祖筠（春禾劇團團長）
馬英九（台北市長）
連勝文（國民黨中常委）
莫昭平（時報出版公司總經理）
郝譽翔（作家）
袁瓊瓊（作家）
郝明義（大塊文化出版股份有限公司董事長）
郝廣才（格林文化發行人）
夏韻芬（作家）
孫正華（時尚工作者）
秦綾謙（年代新聞主播）
張五岳（淡江大學中國大陸研究所教授）
張天立（博客來網路書店總經理）
張啓楷（節目主持人）
郭台強（中華民國工商建設研究會理事長）
郭重興（共和國文化社長）
郭昕洮（環宇電台台長）
葉怡蘭（美食生活作家）
崔慈芬（中國傳媒大學教授）
康文炳（30雜誌總編輯）
許勝雄（金寶電子工業股份有限公司董事長）
陳海茵（中天新聞主播）
陳孝萱（節目主持人）
陳　浩（中天電視台執行副總）
陳鳳馨（節目主持人）
陳樂融（節目主持人）
彭懷真（東海大學社會工作系副教授）
傅　娟（節目主持人）
董智森（節目主持人）
詹宏志（PC home Online網路家庭董事長）
楊仁烽（城邦出版控股集團營運長）
楊　樺（TVBS國際新聞中心主任）
詹仁雄（節目製作人）
賈永婕（藝人）
溫筱鴻（嘉裕股份有限公司大中華區總經理）
趙少康（飛碟電台董事長）
廖筱君（年代晚間新聞主播）
劉必榮（東吳大學政治系教授）
劉柏園（遊戲橘子總經理）
劉　謙（作家）
劉陳傳（住邦房屋總經理）
蔡惠子（勝達法律事務所律師）
蔡雪泥（功文文教機構總裁）
蔡詩萍（節目主持人）
賴士葆（立法委員）
盧郁佳（作家）
蕭碧華（聯傑財物顧問股份有限公司暨作家）
謝金河（今周刊社長）
謝瑞真（北京同仁堂台灣旗艦店總經理）
謝國樑（立法委員）
簡志宇（無名小站創辦人兼總經理）
聶　雲（節目主持人）
蘇拾平（城邦出版集團顧問）
蘭　萱（節目主持人）

——**近百位名人同慶賀！**（依姓氏筆劃排序）

高寶書版 35週年慶 百位名人同祝賀

風雨名山，金匱石室：深耕文化，再創新猷。 ——台北市長 馬英九

高寶書版，熱情創新，領航文化。 ——中國國民黨中常委 連勝文

高來高去，想像無限，寶裡寶氣，趣味無窮。 ——飛碟電台董事長 趙少康

圓滿的人生旅途中，最好有好書相伴，高寶給大家創意與力量！
——今周刊社長 謝金河

受人性的溫暖，照耀的出版公司。 ——蘋果日報總主筆 卜大中

高寶35歲了。我相信她會永續經營，所以這不算是上半場，只算是第一章。我祝福她，也進入一個新階段。用更多的好書，讓所有的讀者活得更快樂。 ——作家 王文華

以華人的角度，國際的視野去感知世界。
——中國出版研究所副所長 辛廣偉

就像一個青壯人士，35歲的高寶將可在優異的基礎上更上層樓，為中文出版界們貢獻。 ——政治大學商管學院院長 周行一

從修身到齊家、感性到理性、兩性到兩岸-高寶書版集團既是良師也是益友！ ——淡江大學中國大陸研究所教授 張五岳

知識乃發展永續的源頭，而高寶三十五年來透過讓讀者讀好書，成功賦予了社會豐沛的成長動能。請繼續努力！
——中華民國工商建設研究會理事長 郭台強

未來有更多個三十五年，往高業績、高品質、高效率邁進。
——中央大學經濟系教授兼台灣中心主任暨作家 朱雲鵬

從高寶，我學到許多出版經營的方法，十分感謝！
——城邦出版集團首席執行長 何飛鵬

堅持出好書，成為受尊敬的出版社。——城邦出版控股集團營運長 楊仁烽

35歲，芳華正茂，祝希代更猛！更勇！ ——時報出版公司總經理 莫昭平祝

高寶集團發展開闊。　　——大塊文化出版股份有限公司董事長 郝明義

耐心、用心、恒心，寶書豐盈。　　——smart智富月刊社長 林奇芬

恭喜35歲的高寶,比新生兒還有生命力與創造力。
——天下雜誌出版總編輯 金玉梅

高居排行，讀者之寶。　　——中華民國圖書發行協進會理事長 王承惠

祝高寶書版集團，博學的客人都來，與「博客來」共同順應時代巨輪大步邁進。
——博客來網路書店總經理 張天立

恭祝高寶集團，持續出版優質書籍。　——金石堂圖書股份有限公司 周正剛

高品質的書，永遠是我們心中的至寶。　　——作家 侯文詠

願高寶為台灣帶來更多的文化創意，思考與心靈的活力。　——作家 郝譽翔

期待穩健成長，更上一層樓。　——聯傑財物顧問股份有限公司暨作家 蕭碧華

不是好書高寶不出。　　——作家 劉謙

翰墨圖書，皆成鳳采，往來談笑，盡是鴻儒；祝福高寶歡欣迎接下個三十五年！
——作家 夏韻芬

謝謝高寶書版的用心，讓好書成為我們的精神糧食。　——立法委員 李慶安

書語紛飛，潤澤心靈；閱讀悅讀，擁抱活泉。
——永然法律律師事務所律師 李永然

希望知識代代積累。　　——星空傳媒集團台灣分公司總經理 周璜

出版柱石，蜚聲高寶。　　——環宇電台台長 郭昕洮

年代好書，盡在高寶。　　——中天新聞主播 陳海茵

閱讀就像陽光、空氣、水，是活著的基本要素，高寶書版集團帶給我們生活的樂趣，美好的閱讀經驗！　　——節目主持人 尹乃菁

好讀書，讀好書是我單身生活的一大樂趣。「高寶書版集團」辛苦耕耘35年，灌溉出繁花似錦，結了我生活的好風景。　　——節目主持人 蘭萱